토론으로 찾아가는
이상사회

지은이 김윤상

서울대학교 법과대학과 환경대학원, 미국 펜실베이니아 대학교(도시계획학 박사)를 졸업하였다. 공군 중위로 전역한 1976년부터 40년 넘게 경북대학교 행정학부 교수 및 석좌교수로 재직하다가 지금은 자유업 학자로 활동하고 있다.
토지사유제, 서울중심주의, 학벌주의 등 특권적·차별적 제도와 관행에 주목하면서 특히 토지 불로소득으로 인한 불평등 문제를 깊이 연구해 왔다. 최근에는 좌파가 추구하는 이상을 우파도 지지하는 방법으로 달성할 수 있다는 좌도우기론(左道右器論)을 제시하면서 화합과 평화를 추구하고 있다.
저서로는 『토지공개념: 행복한 세상의 기초』(2018), 『이상사회를 찾아서: 좌도우기의 길』(2017), 『특권 없는 세상: 헨리 조지 사상의 새로운 해석』(2013), 『지공주의: 새로운 토지 패러다임』(2009) 등이 있고, 역서로는 헨리 조지의 『진보와 빈곤』(1997, 2016), 『노동 빈곤과 토지 정의』(2012) 등이 있다.

토론으로 찾아가는 이상사회

찍은 날 2021년 1월 25일 | **펴낸 날** 2021년 1월 29일

지은이 김윤상 | **펴낸이** 홍원화 | **펴낸 곳** 경북대학교출판부

출판등록 1973년 10월 10일 ㉣97호 | **주소** 대구광역시 북구 대학로 80

전화 053-950-3830 | **팩스** 053-953-4692

이메일 press@knu.ac.kr | **홈페이지** http://knupress.com

ISBN 978-89-7180-552-7 93330

정가는 뒤표지에 있습니다. 파본은 바꾸어 드립니다.

토론으로 찾아가는

이상사회

김윤상 지음

경북대학교출판부

머리말

우리 사회에서 '교육'은 학벌을 취득하기 위한 과정으로 잘못 운영되고 있습니다. 그러다 보니 교육의 내용도 다분히 시험문제 풀이 중심이 되고 말았습니다. 그러나 '배운 사람'이란 스스로 생각하고 판단하는 사람, 자신의 견해를 논리적으로 표현하는 능력을 갖춘 사람, 자신과 다른 견해를 가진 사람과도 이성적으로 소통할 수 있는 사람이 아닐까요?

대구에 〈지식과 세상〉이라는 사회적 협동조합이 있습니다. 교육에 대한 이런 문제의식을 바탕으로 지식을 세상에 나누자는 목적을 가진 비영리단체입니다. 〈지식과 세상〉에서 교육의 진정한 목적 달성에 도움이 되는 교재를 기획하면서 첫 번째로 이 책을 발간하게 되었습니다.

이 책 내용에는 두 가지 특징이 있습니다. 하나는 토론을 통해 이상사회를 그려 본다는 점입니다. 토론에는 사회자 이상향 외에 세 사람이 등장합니다. 서로 다른 세계관을 가진 고복지, 나중도,

신자유입니다. 고복지, 신자유 두 사람은 그 이름이 상징하듯이 각각 진보와 보수의 세계관을 가지고 있습니다. 고복지는 복지와 정치 분야 전문가입니다. 신자유는 시장경제 분야 전문가입니다. 본문의 [표 1]과 같은 분류에서 고복지는 A, 신자유는 B에 속합니다. 나중도는 자유로운 교양인으로서 A와 B의 조화와 화합을 추구합니다. 이들에게는 공통점이 있습니다. 모두 '나로 인해 세상이 조금이라도 더 좋아지기를' 바랍니다. 자신의 고정관념과 이해관계를 떠나 오로지 이성과 논리에 따라 신중하게 판단하며 상대방을 존중합니다.

또 하나는 민주주의 원칙에 따라 주민의 합의를 중시한다는 점입니다. 이상사회를 모색하는 방식에는 대체로 세 가지가 있습니다. 자신이 상상하는 이상사회를 자유롭게 그려 보이는 비전 제시 방식, 제1원리 또는 공리를 출발점으로 삼고 논리에 따라 세부원리와 제도를 도출하는 연역 방식, 그리고 주민 합의를 통해 좋은 사회를 만들어 가는 상황을 가정하고 그 결과를 예상해 보는 방식이 그것입니다. 이 책에서는 주민 합의 방식을 통해 이상사회를 찾아갑니다.

주민 합의를 통해 좋은 사회제도를 설계할 수 있을까요? 이해관계가 엇갈리는 주민들이 각자 자신에게 유리한 결과를 추구하는 우리 현실에서는 이런 합의가 불가능하다는 것이 종래의 통념입니다. 그러나 세 사람의 토론을 통해 이런 통념이 옳지 않다는 사실을 발견하였습니다. 이런 발견에 책을 쓴 저 자신도 좀 놀랐습니다.

독자들이 이 책을 통해 건강한 토론 능력도 향상되고 아울러 민주주의에 대한 희망도 갖게 되기를 기대합니다.

끝으로, 〈지식과 세상〉의 기획을 이해하고 출판을 맡아 주신 경북대학교출판부 여러분께 감사드립니다.

2021년 정초

저자 김윤상

contents

대결에서 화합으로

'살고 싶은 나라, 풍요와 정의가 넘치는 나라를 만들자. 가난과 불평등을 벗어나 새로운 나라를 건설해 보자.' 괴로운 세상을 사는 사람들은 흔히 이런 꿈을 꾼다. 자기 자신을 위해서 꿈을 꾸기도 하고, 좀 더 차원 높게는 만인을 사랑하는 마음에서 꿈을 꾸기도 한다. 그래서 많은 사람이 이상사회를 건설하려고 노력해 왔다.

졸저(2006) 『알기 쉬운 토지공개념』의 첫머리에 나오는 문장입니다. 우리나라는 단기간에 빈곤에서 벗어나 선진국으로 발돋움하는 단계에 와 있다고 하지만 국민이 행복해 보이지 않습니다. 국가별 행복지수나 자살률을 비교해 보면 분명하지 않습니까? 특히 젊은 세대는 연애, 결혼, 출산을 포기한 3포 세대라고 불리다가 여기에 취업, 주택 등이 계속 추가되어 5포 세대니 n포 세대니 합니다. 참 막막합니다. 지금 이대로는 안 된다는 데 많은 사람이 공감하고 있습니다.

그런데 우리가 지향해야 할 사회의 구체적인 내용과 개혁 방법에 대한 의견은 제각각입니다. 그래서 선의를 가지고 개혁을 추구하는 사람들 사이에서도 의견이 충돌하는 경우가 많습니다. 심지어 자신과 의견이 다른 상대방을 적대시하는 이상한 일이 이제는 오히려 자연스러워 보일 정도입니다. 인간은 판으로 찍어 낸 로봇이 아니기에 의견 차이가 있는 것은 당연합니다. 또 의견이 달라야 발전도 있습니다. 그러나 국민의 행복을 위한다는 사람들끼리 상대방을 짓밟는다면 그 자체로 모순이고 비극입니다.

우리 현대사에는 이런 아픔이 생생하게 배어 있습니다. 1950년 김일성은 자신이 추구하는 이상사회를 북한만이 아니라 남한에서도 건설하겠다는 명분으로 전쟁을 일으켰습니다. 그러나 그 결과는 무엇입니까? 전쟁으로 인해 무수한 인명이 살상되고 국토는 폐허가 되다시피 하였습니다. 사실 과거로 거슬러 갈 것도 없습니다. 오늘날 우리의 현실은 어떻습니까? 보수와 진보로 분열된 진영 논리가 판치고 있습니다. 상대 진영의 주장에 대해서는 내용이 무엇이건 우선 '반대'라는 결론부터 내놓고는, 그 이후에 이유를 찾아 갖다 대고 있는 실정입니다. 상대를 무조건 의심하고 조롱하고 증오합니다.

갈등의 원인에는 두 가지가 있습니다. 기본적으로 자기중심적인 인간들이 한정된 자원을 놓고 생존경쟁을 벌이다 보면 갈등이 발생합니다. 자원 한정성과 생존 욕구는 인간이 처한 숙명이고 여건입니다. 그러나 갈등의 해결이 불가능한 것은 아닙니다. 갈등 해결이 불가능했다면 인류는 이미 멸종하지 않았을까요? 인류가 지금껏 사회를 이루어 살고 있는 것은 갈등의 조정을 가능하게 하는 본성이 사람 속에 있다는 걸 의미합니다.

다른 하나의 원인은 세계관 내지는 이념의 차이입니다. 좋은 세상에 대한 견해가 다르다는 것입니다. 이런 차원의 갈등은 생존을 위한 갈등보다는 수준이 높습니다. 그러나 현실의 보수 진영과 진보 진영은 합리적인 사람들만으로 이루어지지 않습니다. 어떻게든 정권을 잡아야 자신들이 원하는 정책을 펼 수 있다는 명분 아래, 일부 국민들의 저급한 정서와 욕망을 자극하여 자기편으로 끌어들이고 있습니다. 이런 과정 속에서 각 진영은 자신들이 지향했던 원래의 가치가 무엇인지 아예 생각하지 않게 됩니다. 기가 막힌 일입니다.

저는 이런 모습을 이렇게 묘사한 바 있습니다.

> 진정한 이념은 인간에 대한 사랑에서 나온다. 그러므로 이념을 주창한 사람이나 깊이 있는 동조자는 입장이 다르더라도 서로 통하기 마련이다. 그러나 이해관계와 정서로 뭉친 현실의 이념사단(理念師團)은 상대방을 존중하지 않는다. 진보의 입장에서 보는 현실의 보수는, 이상사회를 향해 진지하게 고민하지 않는 속물이며 부당한 기득권을 누리면서 추호도 양보하지 않는 이기집단이다. 반면 보수의 입장에서 보는 현실의 진보는, 물정도 모르면서 설치는 하룻강아지이며 '사회정의'라는 이상한 깃발을 들고 떼를 쓰는 집단이다. 그러다 보면 인간에 대한 사랑은 사라지고 혐오만 남는다. (김윤상, 2009: 21~22)

현실의 진보 진영과 보수 진영에 속하는 사람들의 지향에 따라 [표 1]과 같이 분류할 수 있습니다. A, B, C, D는 각기 해당 지향을 갖는 집단을 의미합니다.

[표 1] 진보/보수 진영의 지향

진영 / 태도	진보		보수	
공존	A	평등, 사회연대, 복지	B	자유, 개인 책임, 시장
이기	C	무임승차, 타인 의존	D	승자 독식, 기득권 보호

A와 B는 자신의 지향에 합리적인 근거를 제시하며, 견해가 다르더라도 공존을 모색합니다. 그중 A는 평등과 사회연대를 중시합니다. 사회 속에서 개인이 취할 수 있는 선택 폭이 너무 좁기 때문에 개인 책임보다는 사회연대가 더 중요하다고 봅니다. 시장은 사회계층을 1%와 99%로 양극화하는 부작용이 있으므로 정부가 적극 개입하여 높은 수준의 복지를 구현해야 한다고 믿습니다. 반면 B는 자유와 개인 책임을 중시합니다. 개인은 각자 자신의 자유로운 선택에 따라 인생을 스스로 책임져야 한다고 봅니다. 시장 작용에 대한 기대가 크고, 시장에 결함이 있다고 해도 정부의 결함보다는 덜하다고 믿습니다. A는 따듯한 공존을, B는 차가운 공존을 추구합니다.

합리와 공존을 바탕으로 하는 A, B와는 달리 C, D는 타인에게 손해를 끼치더라도 자신에게 유리한 것을 추구합니다. C는 스스로 노력하기보다는 공짜를 바라면서 남에게 기대려 하고, D는 경쟁을 통해 획득한 것은 과정이야 어쨌든 독차지하는 것이 당연하다고 여깁니다. 또 일단 자신에게 유리하게 형성된 사회구조는 선악을 불문하고 지키려고 합니다.

이런 상황에서 이기적 집단 C 또는 D를 대변하는 정파보다는 합리적 집단 A 또는 B를 대변하는 정파가 집권하는 것이 사회를 위해 바람직합니다. 혹 A정당이나 B정당이 단독으로는 과반수 지지를 확보하지 못한다면 두 유형이 연합하는 것이 바람직합니다. 그런데 사람들은 A와 B는 세계관이 충돌하여 연합이 어렵다고 생각합니다. 그래서 진보 진영은 자신을 A로, 보수 진영은 자신을 B로 포장하면서 실제로는 각기 A + C, B + D의 연합체를 구성합니다. 그러고는 서로 상대 진영의 이기적인 모습만을 지적하면서 비난하는 경우가 많습니다. 현 수준의 인류가 이런 파괴적 갈등을 넘어 더 좋은 사회제도를 성취할 수 있을까요?

이 책의 목적은 이 질문에 답하는 데 있습니다. 답을 찾는 과정에는 세계관이 서로 다른 고복지, 나중도, 신자유 세 인물이 등장합니다. 한 사람이 못 보거나 안 보고 넘어가는 면을 다른 사람이 짚어 주어 결론이 한쪽으로 치우치는 것을 막기 위해서입니다. 고복지, 신자유 두 사람은 그 이름이 상징하듯이 각각 진보와 보수의 세계관을 가지고 있습니다. 고복지는 A, 신자유는 B에 속합니다. 고복지는 복지와 정치 분야 전문가입니다. 신자유는 시장과 경제 분야 전문가입니다. 나중도는 자유로운 교양인으로서 원칙을 지키는 가운데 조화와 화합을 추구합니다. 또 꼼꼼하게 계산하고 따지는 성격입니다.

세 사람은 공통점도 있습니다. 자신의 고정관념과 이해관계를 떠나 오로지 이성과 논리에 의해서만 신중하게 판단합니다. 자신만을 위해 사는 것이 아니라 좀 더 나은 세상을 위해 헌신할 자세가 되어 있습니다. 이들의 좌우명도 일치합니다. '나로 인해 세상이 조금이라도 더 좋아지기를.' 세 사람 외에 토론 사회자로 이상향이 동참합니다.

그럼 시작합니다.

토론 01

인간의 성향과 사회제도

이상향

안녕하십니까? 자기 한 몸 살아 내기 어려운 시절에, 더 좋은 세상을 위해 애쓰시는 훌륭한 분들을 만나 정말로 기쁩니다. 오랫동안 이상적인 사회제도에 관심을 두어 온 제가 여러분께 조금이라도 도움이 되었으면 합니다. 마침 세 분의 성을 합하니 '신나고!'가 되는군요. 언제 어디서나 신나고 살맛 나는 세상이 되기를 바라면서 대화를 시작하겠습니다.

나중도

'신나고!' 그것 참, 재미있군요. 앞으로 우리 토론이 신도 나고 생산성도 높으면 좋겠습니다.

이상향

네, 다 같이 노력해야겠지요. 우리가 여러 차례 토론을 하게 될 텐데, 처음에는 제가 말이 좀 많더라도 양해해 주십시오.

신자유

아, 그래야지요. 생산적인 토론을 위해서는 전제와 용어가 통일되어야 하니까요.

이상향

이해해 주시니 감사합니다. 제일 먼저 할 작업은 현 수준의 인간이 어떤 사회적 성향을 갖고 있는지를 파악하는 것입니다. 무슨 제도든 적용 대상이 되는 주민의 특성과 맞지 않으면 효과를 제대로 발휘할 수 없기 때문입니다. 천국이나 극락의 제도가 아무리 훌륭한들 어느 사회에서나 효과가 있을까요? 예를 들어, 어떤 나라에 타인에 대한 배려심이 넘치는 사람들만 살아, 교차로에서 서로 양보하느라 교통이 지체되는 문제가 생긴다고 가정해 봅시다. 그래서 이곳 사람들은 교통 흐름을 원활하게 하기 위해 새로운 교통신호 체계를 만들었습니다. 푸른 신호에 진행하지 않으면 이들이 기피하는 내용의 벌칙을 안기는 반면, 붉은 신호인데도 진행하면 '급한 일이 있겠지!' 하고 이해해 주는 것이지요. 그런데 서로 양보하지 않아서 문제가 생기는 사회에 이런 교통 체계를 그대로 도입해도 될까요? 당연히 역효과가 날 것입니다. 그러므로 제도를 모색하기 전에 그곳 주민이 어떤 사람인지를 파악할 필요가 있습니다. 마치 옷을 맞추려면 신체 치수를 재야 하는 것과 같습니다.

인간이 대인관계에서 갖는 성향을, 자신과 타인 중 누구의 이익을 우선하느냐에 따라 이기, 균형, 이타 성향으로 구분할 수 있습니다. 이기 성향은 타인에게 손해를 끼치더라도 자신의 이익을 우선하려는 성향이고, 이타 성향은 타인을 위해 자신의 손해를 감수하려는 성향이며, 균형 성향은 자신이든 타인이든 서로 손해가 없도록 하려는 성향입니다. 또 이타 성향은 자신이 감수하려는 손해의 정도에 따라 양보 성향과 희생 성향으로 구분할 수 있습니다. 시정에 따라서는 타인을 위해 다소간의 손해를 감수하려는 성향이 양보 성향, 타인을 위해 자신의 이익을 포기하려는 성향이 희생 성향입니다.

이 중에서 나와 너의 공존을 추구하는 성향은 균형 성향과 양보 성향입니다. 균형 성향은 서로 손해가 없도록 한다는 점에서 차가운 공존을 지향하며, 양보 성향은 자신의 몫을 어느 정도 내놓을 수 있다는 점에서 따듯한 공존을 지향합니다.

인간의 사회적 성향은 [표 2]와 같이 정리할 수 있습니다.

[표 2] 사회적 성향의 유형과 특징

성향		특징
이기		타인에게 손해를 끼치더라도 자신의 이익을 우선함
균형		자신이든 타인이든 서로 손해가 없도록 함(차가운 공존)
이타	양보	타인을 위해 다소간의 손해를 감수함(따듯한 공존)
	희생	타인을 위해 자신의 이익을 포기함

생물로서 인간은 자기 보존 본능을 가지고 있습니다. 그래서 주변에서 일어나는 현상이 자신에게 어떤 영향을 미칠지에 관심을 두게 되고, 특히 위기 상황에서는 자신의 안위를 우선적으로 돌보게 됩니다. 이러한 특성을 이기적이라고 표현한다면 인간을

포함한 모든 생물은 이기적일 수밖에 없습니다. 그러므로 성향별 주민 구분이 의미를 가지려면, 비상시가 아닌 일상적인 상황에서 자기 보존을 포함한 자신의 목적을 달성하기 위해 어떤 방식을 선택하는지에 따라 주민들의 성향을 구분해야 합니다. 그래서 타인에게 손해를 끼치더라도 자신의 이익을 추구하는 사람만을 이기적 주민으로 분류합니다.

또 같은 사람이 한 가지 성향만을 일관되게 가지는 것은 아닙니다. 예를 들면 가족처럼 늘 만나는 사람과의 관계에서는 이타적으로 행동하는 사람도 자신과 무관한 타인에 대해서는 이기적인 모습을 보이는 경우가 있습니다. 그러므로 일상적인 사회생활에서 드러나는 사회적 성향을 기준으로 판단해야 합니다.

그럼 각 성향의 주민이 어떤 비율로 구성되어 있는지 추정해 볼까요?

나중도

사회적 성향은 오랜 진화 과정을 거치면서 인간의 유전자에 각인되었을 것입니다. 하지만 우리가 직접 유전자를 분석하지 않는 다음에야 결국 행동으로 드러나는 모습을 통해 성향을 추정할 수밖에 없겠지요. 그런데 같은 성향을 가진 사람도 사회 환경과 상황에 따라 다르게 행동하는 경우가 적지 않을 것이므로 행동이 성향을 정확하게 반영한다고 보기는 어려울 것입니다. 예를 들면 이미 어떤 제도가 존재하고 있다면, 그 제도에 순응하는 행동을 많이 보일 것입니다. 현재의 사회제도가 대체로 균형형에 가깝다면 사람들이 그 영향을 받아 실제 자신의 성향보다는 더 균형적인 행동을 보이지 않을까 합니다. 또 자신이 관계를 맺는 상대방이 가족인지, 동창인지, 전혀 모르는 사람인지에 따라서도 행동이 달라질 것입니다. 그러므로 새로운 제도를 설계하려는 우리로서는 현재 우리에게 보이는 행동만으로 사람의 성향을 판단해서는 안 될 듯합니다.

이상향

네, 좋은 지적입니다. 그건 어쩔 수 없는 한계입니다. 세 분이 경험해 오신 주민의 행동을 바탕으로 하되, 나중도 님의 말씀처럼 특수한 사회 환경과 상황으로 인한 영향을 감안하여 추정해 주시면 고맙겠습니다.

(고복지, 나중도, 신자유 세 사람이 신중하게 추정한 후 그 결과를 이상향에게 제출하였다.)

이상향

세 분이 추정하신 결과를 종합하니 [표 3]과 같습니다.

[표 3] 성향별 주민 비율 (%)

성향	고복지	나중도	신자유
이기	40	50	60
균형	30	30	30
이타(희생)	30(1)	20(1)	10(1)

이 표를 보니, 이기적 주민이 가장 많고 이타적 주민은 가장 적

으며, 특히 희생적 주민은 거의 없다는 것이 세 분의 공통된 의견이군요. 한편 고복지 님은 이타적 주민을, 그리고 신자유 님은 이기적 주민을 다른 분보다 많다고 추정하셨고, 나중도 님은 중간입니다.

신자유

네, 결과를 보니 제가 두 분보다 이기적 주민을 많다고 추정하였군요. 아마도 제가 경제학 전공자라서 그런 듯합니다. 경제학에서는 인간을 이익 극대화를 추구하는 합리적 인간인 '경제인'이라고 가정합니다. 그런데 여기서 '합리적'이라는 말은 '이치에 맞다'는 원래의 의미보다는 이해득실을 따지는 '타산적'이라는 의미입니다. '경제인' 가정은 인간이 반드시 그렇다는 것이 아니라 이론상 필요해서 둘 뿐인데, 이런 학문을 오래 접하다 보면 자신도 모르게 실제로 인간이 다 그렇다는 인식에 젖기도 합니다. 심지어는 '경제인'처럼 살아도 도덕적으로 아무 문제 될 것이 없다고 오해하는 경우도 있습니다. 특히 개인주의가 지배적인 미국에서 형성된 경제학을 공부한 분들에게 그런 경향이 더 두드러집니다.

'좋은 법률가는 나쁜 이웃'(A good lawyer is a bad neighbor)이라는 말이 있습니다. 이웃 간의 문제는 상호 이해와 배려로 해결하는 게 바람직하고, 그게 잘 안 되는 부득이한 경우에만 법이 필요합니다. 그런데 '법대로만 하면 된다'고 착각하면서 이웃을 대하는 법률가가 적지 않습니다. 나쁜 이웃 목록에 법률가 외에 경제학자도 포함되지 않을까 걱정됩니다.

고복지

벌써 포함된 것 아닌가요? 토론 분위기를 부드럽게 하기 위한 농담입니다. (일동 웃음)

신자유

하하. 그러나 최근에는 행동경제학(behavioral economics) 분야에서는 이런 '경제인' 가정이 실제와 다르다는 실험 결과가 많이 발표되었고, 이 때문인지 경제학자들의 생각도 조금씩 달라지고 있습니다. 저도 보통의 경제학자보다는 '경제인' 가정의 영향에서 다소 벗어나 있는 편입니다. 혼자만의 착각인지 몰라도…….

고복지

신자유 님의 말씀을 듣고 보니 저도 자신을 돌아보게 됩니다. 제가 두 분보다 이타적 주민의 비율을 더 높게 추정했는데, 사회연대를 중시하는 복지에 관심을 두다 보니 그런 사안에 대한 저의 희망이 반영된 것은 아닌지 모르겠습니다.

나중도

제 추정치는 두 분의 중간이군요. 제 나름대로는 단순한 물리적 중간이나 기회주의적 중립이 아니라 원칙을 지키면서 조화와 화합을 추구하려고 노력해 왔다고 생각하지만, 갈등이 많은 세상에서 저도 모르게 어정쩡한 형식적 중립을 취한 것은 아닌지 성찰해 보겠습니다.

이상향

세 분이 반성문을 쓰셨네요. (일동 웃음) 자신을 돌아보시는 태도에 경의를 표합니다.

이어서 사회제도를 분류해 보겠습니다. 사회제도는 사람 간의 관계가 차등적인 경우와 대등한 경우로 나눌 수 있습니다. 모든 인간이 평등하게 존엄하다고 전제하는 민주 사회에서 차등적인 관계가 공인되는 예로는 공직자가 일반 국민을 대상으로 공권력을 행사하는 경우, 조직 내에서 상관이 하급자보다 더 많은 권한을 갖는 경우 등이 있습니다.

앞으로 우리는 관계가 대등한 경우를 다루려고 하지만, 차등적 관계에 관한 제도도 매우 중요하므로 잠시 생각해 보겠습니다. 공직자와 상관이 권한을 남용하여 횡포를 부린다면 약자인 상대방의 인간적 존엄과 가치가 크게 손상될 수 있습니다. 민주주의의 역사는 국가의 횡포를 막아 국민의 인권을 보호하려는 투쟁의 역사였고, 그동안 많은 사람이 피를 흘린 덕에 지금은 대다수 국가에서 국가 권력에 대한 통제 장치가 법제화되어 있습니다. 조직 내의 상하 관계에 대해서도 권한과 책임을 명시하는 명문 규정을 두는 경우가 많습니다. 물론 현실에서는 안타깝게도 그런 장치가 제대로 작동하지 않는 사례가 적지 않으므로, 권한의 남용을 막기 위한 장치가 반드시 필요합니다.

이 정도로 해 두고 이제부터는 대등한 사람들 사이에 적용할 사회제도에 국한하여 토론을 진행하겠습니다. 인간의 사회적 성향처럼 사회제도도 이기형, 균형형, 이타형 제도로 분류할 수 있습니다. 이기형 제도는 이기적 행동, 즉 자신의 이익을 위해 타인에게 손해를 끼치는 행동을 용인하는 제도이고, 이타형 제도는 이타적 행동, 즉 어려운 처지의 타인을 위해 양보하도록 하는 제도입니다. 균형형 제도는 두 제도의 중간, 즉 누구에게도 손해가 가지 않도록 하는 제도입니다. 균형형 제도에서는 역지사지(易地思之)해도, 즉 누구든 다른 사람과 처지를 바꾸어 생각해도 유불리가 없고 따라서 아무도 억울하지 않게 됩니다. 정리하면 [표 4]와 같습니다.

[표 4] 제도의 유형과 특징

제도 유형	특징
이기형 제도	이기적 행동을 용인하는 제도
균형형 제도	누구에게도 손해가 되지 않도록 하는 제도
이타형 제도	어려운 처지의 타인을 위해 양보하도록 하는 제도

신자유

세 제도 중에 균형형 제도가 인간의 보편적 정의 관념에 제일 가까운 제도라고 생각합니다. 예를 들어, 그리스 신화에 나오는 정의의 여신 디케는 〈그림 1〉에서 보듯이 두 눈을 가린 채 한 손에는 저울을 들고 다른 손에는 칼을 쥐고 있습니다. 저울이 기울면 대상이 누구인지 가리지 않고 가차 없이 칼로 베어 균형을 맞춘다는 것이지요.

고복지

정의의 여신 디케의 모습은 차가운 공존을 잘 상징하고 있군

〈그림 1〉 정의의 여신 디케

요. 그러나 차가운 공존만으로는 인간다운 생활을 하기 어려운 사람이 있기 마련이므로 이타형 제도도 필요할 것입니다.

이상향

균형형 제도와 이타형 제도가 양립하기 어렵다는 것이 지금까지의 상식입니다만 어떻게든 두 제도가 조화를 이룰 수 있으면 좋겠습니다. 이 문제는 다음 기회에 다루기로 하겠습니다. 저의 지루한 설명을 경청해 주셔서 감사드립니다.

토론 02

균형형 제도에 어울리는 분배

이상향

〔토론 1〕에서 제도를 세 유형으로 나누었는데 토론을 더 진행하기 전에 각 유형의 개념을 분명하게 해 둘 필요가 있습니다. 토론자들이 같은 용어를 서로 다르게 이해하면 토론이 무의미해질 수 있기 때문입니다.

나중도

동감입니다. 균형형 제도부터 정의하는 것이 능률적일 것 같습니다. 일단 균형형 제도의 개념이 정해지면, 그보다 자신의 이익을 앞세우는 행동을 허용하는 제도는 이기형, 그보다 타인을 더 배려하도록 하는 제도는 이타형으로 자연히 구분될 것이기 때문입니다.

이상향

그렇습니다. 〔토론 1〕에서 균형형 제도를 "누구에게도 손해가 되지 않도록 하는 제도"라고 하였습니다. 누구에게도 손해가 되지 않도록 하려면 어떻게 해야 하는지 분배 문제를 통해 생각해 보겠습니다.

결과를 낳는 원인에는 원인 제공자가 특정되는 경우와 그렇지 않은 경우가 있습니다. 원인 제공자가 특정되는 경우는 다시 농사처럼 상대방이 없는 일방 행위와, 거래처럼 상대방이 있는 쌍방 행위로 나눌 수 있고, 원인 제공자가 한 사람인 경우와 여러 사람인 경우로 나눌 수도 있습니다.

원인 제공자가 특정되는 경우부터 보겠습니다. 첫째로, 일방 행위가 원인이 되어 결과가 발생하는 경우에는 응보, 즉 결과를 원인 제공자에게 귀속시키면 됩니다. 씨 뿌린 자가 거두도록 하는 것이지요. 둘째로, 두 당사자가 서로 주고받는 쌍방 행위의 경우에는 교환하는 것의 가치가 대등해야 할 것입니다. 셋째로, 원인 제공자가 다수일 경우에는 원인 제공 정도에 비례하여 결과를 귀속시키면 될 것입니다.

한편, 원인 제공자가 없거나 특정되지 않는 가운데 결과가 발생하는 경우도 있습니다. 인간의 행위와는 무관하게 자연에 의해 발생하는 경우, 불특정 다수의 집합체인 사회에 의해 형성되는 경우, 국민을 대표하는 정부가 조성하는 경우 등이 여기에 해당합니다. 이때는 결과를 주민 모두에게 공동 귀속되도록 하면 될 것입니다.

이를 정리하면 균형형 제도에 맞는 분배 원칙은 [표 5]와 같습니다.

[표 5] 균형형 제도에 맞는 분배 원칙

원인의 유형		결과 귀속 방식
원인자 특정	일방 행위	(응보) 원인 제공자에게 귀속
	쌍방 행위	(등가) 상호 대등한 반대급부 교환
	원인자 다수	(비례) 원인에 비례하여 결과 귀속
원인자 없거나 불특정 (자연, 사회, 정부)		(공유) 주민에게 공동 귀속

신자유

아주 깔끔한 정리입니다. 세 분배 원칙의 공통점은 원인과 결과 간 그리고 주민 간의 '균형'이군요. 정의의 여신이 저울을 들고 있는 것이 바로 이런 의미이겠지요. 앗, 제가 너무 당연한 말씀을 드렸습니다. 균형형 제도에 맞는 분배 원칙이므로 공통점이 '균형' 일 수밖에 없는데요. (일동 웃음)

이상향

제 말씀에 동의해 주시니 힘을 얻어 좀 더 진행하겠습니다.

결과에는 소득과 같은 이익도 있고 처벌이나 손실과 같은 불이익도 있지만 일단은 이익, 그중에서도 이해하기 쉬운 소득에 대해 생각해 보겠습니다. 다만, 소득을 검토하여 얻은 결론이 소득 이외의 다른 결과나 불이익에도 일관되게 적용될 수 있는지는 따져 보아야 하겠지요.

흔히 소득의 원인에는 노력, 능력, 운이 있다고 합니다. 예를 들어 시험 성적에는 본인의 노력, 그리고 평소 실력, 두뇌, 체력과 같은 능력, 그리고 시험 운이 작용합니다. 농사를 짓는다고 해도 본인이 직접 투입한 노력, 농사를 짓는 능력 외에 날씨와 같은 운이 필요합니다. 능력은 당사자의 노력에 의해서 형성되는 부분과 선천적 자질 및 생장 환경 등 운에 의해서 형성되는 부분이 있습니다. 결국 능력은 노력과 운의 결과이므로 앞으로는 능력을 빼고 노력과 운만으로 구분하려고 합니다.

그 밖에 특권도 소득에 영향을 준다는 사실을 우리는 잘 알고 있습니다. 특권은 자신의 노력과 운에 비해 남보다 더 유리한 결과를 얻을 수 있는 원인입니다. 농구 시합을 예로 들면, 골에는 1점, 2점, 3점짜리가 있는데 특정 팀의 모든 골을 3점으로 인정한다면 그 팀에게 특권을 부여하는 것입니다.

소득에는 본인의 노력이 가미되어 있는 노력 소득과 본인의 노력과 무관하게 생기는 불로소득이 있습니다. 분류를 단순하게 하기 위해, 운이 함께 작용하더라도 노력이 들어 있기만 하면 모두 노력 소득으로 부르기로 합시다. 불로소득의 원인에는 노력과 결합하지 않은 운도 있고 특권도 있습니다.

이런 소득의 원인을 그림으로 나타내면 〈그림 2〉와 같습니다.

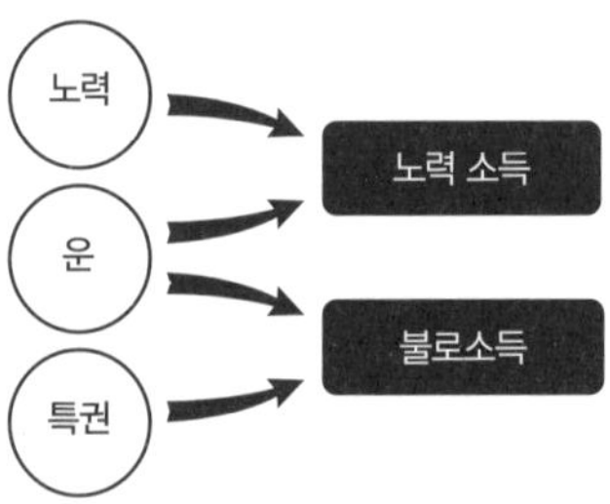

〈그림 2〉 소득의 원인과 결과

나중도

운과 특권의 구분에 대해서 좀 더 분명하게 해 둘 필요가 있지 않을까요? '운이 좋아 특권을 누린다'는 말을 하기도 하니까요.

이상향

네, 일상생활에서는 그런 표현을 쓰지만 우리는 둘을 구분해야 하겠지요. 인생살이에는 인간이 어쩔 수 없는 요인이 작용하는데 이것이 운입니다. 운은 당사자나 사회의 의도 또는 희망과 무관하게 우연히 발생하는 원인으로서, 인간이 통제할 수 없으며 사람을 차별하지 않습니다. 반면, 특권은 인위적인 원인이며 운과 달리 차별을 동반합니다.

나중도

남성이 우대받는 사회에서 성별은 운이 결정하지만 남성이 누리는 특권은 사회가 만든 것이라고 보면 되겠군요.

이상향

맞습니다. 그러면 노력, 운, 특권 중에서 균형형 제도와 어울리는 원인, 어울리지 않는 원인은 어느 것일까요? 개인의 자유를 가장 폭넓게 존중해야 한다고 보시는 신자유 님의 의견은 어떠신가요?

신자유

균형형 제도는 인간의 평등을 전제하면서 누구도 손해 보는 일이 없도록 해 주는 제도입니다. 그러므로 적어도 자신의 심신을 활용하여 무언가를 만들어 내는 노력은 정당하고, 다른 사람을 차별하는 특권은 부당하다는 결론을 내릴 것입니다. 사람이 어쩔 수 없는 원인인 운은 인위적으로 누군가를 차별하지 않으므로 균형형 제도와 모순되지 않을 것으로 생각합니다.

고복지

저도 신자유 님처럼 노력은 정당하고 특권은 부당하다고 봅니다. 그러나 운은 균형형 제도로 정당화하기 어렵다고 생각합니다.

나중도

저도 노력과 특권에 관해서는 신자유 님과 같은 의견이지만, 운에 대해서는 좀 더 생각해 볼 필요가 있을 듯합니다.

이상향

균형형 제도에서 노력은 정당하고 특권은 정당한 원인이 될 수 없다는 데 다들 동의하셨습니다. 다만 운에 대해서는 의견차가 있으므로 다음 기회에 토론해 보기로 하겠습니다. 감사합니다.

토론
03

환생 후의 사회제도를 설계한다면?

이상향

앞에서 주민의 성향을 추정한 다음 사회제도의 유형을 분류하고 균형형 제도에 어울리는 분배원칙을 검토하였습니다. 그럼 세 유형의 사회제도 가운데 어느 것이 이상사회에 적합한지에 대해 토론해 볼까요?

이상적인 사회제도를 모색하는 방식에는 세 가지가 있습니다. 첫째로, 비전 제시 방식입니다. 유명한 예를 들면, 플라톤(Plato, 기원전 427~기원전 347)은 『국가』(*Republic*)에서 그리고 모어(Thomas More, 1478~1535)는 『유토피아』(*Utopia*)에서 바람직한 사회의 모습을 소개하고 있습니다. 이 방식은 이상향을 제약 없이 그려 보일 수 있다는 장점이 있는 반면, 다른 사람을 논리적으로 설득하는 데는 한계가 있습니다.

둘째로, 연역 방식입니다. 많은 사람들이 공감하는 어떤 제1원리를 출발점으로 삼고 그 원리로부터 논리에 따라 구체적인 제도를 도출하는 방식입니다. 마치 유클리드 기하학에서 단순한

몇 개의 공리를 전제하고 이를 인정하는 사람이라면 누구도 부정할 수 없는 방대한 진리 체계를 논리적으로 구성해 내는 것과 같습니다. 이 방식의 예로, 허버트 스펜서(Herbert Spencer,1820~1903)는 『사회정학』(*Social Statics*)에서 사회제도의 제1원리(First Principle)로 '평등한 자유'(equal freedom)를 제시하고 여기에서부터 구체적인 제도를 논리에 따라 도출하였습니다. 헨리 조지(Henry Goerge, 1839~1897)도 『진보와 빈곤』(*Progress and Poverty*)에서 인간의 평등한 자기 소유권이라는 제1원리로부터 토지사유제의 부당성을 입증하고 제1원리에 맞는 토지제도를 제시하였습니다. 이 방식은 결론의 옳고 그름을 논리만으로 판단할 수 있다는 장점이 있지만 그 출발점인 제1원리 자체는 논리의 영역 밖이라는 한계가 있습니다.

셋째로, 주민 합의 방식입니다. 주민이 자신들에게 적용할 제도를 합의를 통해 만들어 가는 상황을 상정하고 거기서 나올 결론을 예상하는 방식입니다. 존 롤스(John Rawls, 1921~2002)는 『정의론』(*A Theory of Justice*)에서 이 방식을 통해 정의의 원리를 도출한 것으로 유명합니다. 주민의 전원일치 합의에 의해 제도를 만들 수 있다면 가장 이상적이지만, 현실에서는 각자 자신에게 유리한 제도를 고집하는 경우가 많아 합의가 이루어지기 어렵습니다. 그래서 이런 방식에서는 합의 상황에 관한 가정을 두고 그런 상황에서 합의하게 될 제도를 예상해 보게 됩니다. 그래서 가상적 사회계약이라고 부르기도 합니다. 롤스는 계약 당사자가 자신의 처지를 모른다고 가정하면서 이를 '무지의 장막'(veil of ignorance)이라고 불렀습니다.

세 방식 중에서 우리는 주민 합의 방식을 시도합니다. 우리도 롤스처럼 합의 상황에 대한 가정을 두기로 합니다. 불교의 윤회 사상처럼 인간이 죽더라도 다시 인간으로 태어날 수 있다고 가정하고 주민들이 합의를 통해 자신이 다시 태어날 사회의 제도를 설계합니다. 주민들은 자신과 인간과 세상에 대해서 이해하고 있습니다. 롤스의 가정과는 달리 자신에 대해 전혀 모르는 로봇 같은 사람이 아니라 적어도 자신의 사회적 성향은 그대로 유지하는 사람들이 합의에 임합니다. 그러나 후생에서 각자 어떤 소질과 능력을 부여받아 어떤 가정에 태어날지 그리고 어떤 환경에서 살면서 어떤 행운과 불운을 겪을지에 대해서는 전혀 모릅니다. 합의는 만장일치가 되면 좋겠지만 소수 의견을 가진 주민을 불리하게 하지 않는다는 조건하에 다수결로 정할 수 있도록 합니다. 이런 방식을 '환생사회 설계'라고 부르겠습니다.

나중도

환생할 경우에 희망하는 사회제도를 설계해 본다고요? 제가 알기로는 지금까지 아무도 시도해 보지 않은 새로운 방법인 것 같습니다. 재미있겠네요.

이상향

그럼 앞서 세 분이 추정하신 것과 같은 성향을 가진 주민이 환생사회 설계에 참여할 경우에 어떤 사회제도를 선호할 것인지 예상해 주시겠습니까?

(얼마 후)

나중도

그럼 저부터 말씀드릴까요? 후생에서는 자신이 어떤 처지가 될지 모르므로 설계에 임하는 주민은 최소한 두 가지 조건이 충족되기를 원할 것입니다. 첫째, 자신이 약자로 환생할 경우에도 생존의 위협으로부터 보호받는다는 조건입니다. 둘째, 후생에서 어떤 처지가 되든 억울한 일을 당하지 않는다는 조건입니다. 이러한 두 가지 최소조건에 따르면 이기형 제도를 원하는 사람은 없을 것입니다. 후생에 자신이 강자로 태어나지 못할 가능성이 큰데, 그럴 경우 강자로부터 불이익을 당할까 염려할 것이기 때문입니다.

세부적으로 보면, 이기적 주민은 이타형 지지자 또는 균형형 지지자로 나뉠 것입니다. 환생 후의 처지에 대해 불안감을 많이 느끼는 사람은 첫 번째 조건을 충족시키기 위해 이타형 제도를 지지할 것이고, 불안감이 덜한 사람은 두 번째 조건을 충족시키기 위해 균형형 제도를 지지할 것입니다.

균형적 주민은 당연히 균형형 제도에 쏠릴 것입니다. 베짱이에게 유리한 이타형 제도의 재원은 개미의 소득에서 나와야 하는데, 그럴 경우 개미가 손해를 본다고 생각할 것이기 때문입니다.

이타적 주민은 이타형 지지자와 균형형 지지자로 나뉠 것입니다. 이들은 자신의 성향에 맞는 이타형 제도를 원하지만, 세상에는 자신과 다른 성향을 가진 사람이 많다는 것을 알기 때문에 이들을 배려하여 균형형 제도에 동의하는 사람도 상당수 있을 것입니다.

이런 예상을 정리하면 [표 6]과 같습니다.

[표 6] 주민의 성향별 선호 제도

성향	이기	균형	이타
선호 제도	이타형+균형형	균형형	이타형+균형형

고복지

저도 나중도 님의 의견에 대체로 동의합니다.

신자유

저도 대체로 동의하지만, 이기적 주민 중에는 자신이 강자로 태어날 경우에 큰 이익을 얻기 위해 이기형 제도를 원하는 사람도 있지 않을까요? 물론 이들은 무모한 사람이고 무모함은 후생에 대한 불안감 때문에 상당히 위축되겠지만 그래도 무모한 사람도 존재한다고 보는 것이 더 현실적이지 않나요? 그렇다면 나중도 님의 의견을 [표 7]처럼 수정할 수 있을 것입니다.

[표 7] 주민의 성향별 선호 제도

성향	이기	균형	이타
선호 제도	이타형+균형형+이기형	균형형	이타형+균형형

나중도

그 말씀을 듣고 보니 그럴 수도 있겠다고 생각됩니다. 제가 이랬다저랬다 하는군요. 중도의 비극이라고 할까요? (일동 웃음)

이상향

그럼 각자 구체적인 비율을 추정해 주십시오.

(얼마간 시간이 흐른 후)

고복지

제가 추정했던 성향별 주민 비율을 대입했더니 [표 8]에서 보듯이 이기형, 균형형, 이타형 제도 지지율이 0%, 65%, 35%로 나왔습니다. 같은 성향 주민의 지지가 균형형과 이타형으로 나뉠 경우에는 단순화를 위해 각각 반반씩 처리하였습니다.

[표 8] 성향별 제도 지지율 – **고복지** (%)

성향 \ 지지 제도	이기형	균형형	이타형	합계
이기	0	20	20	40
균형	0	30	0	30
이타	0	15	15	30
합계	0	65	35	100

신자유

후생이 불안하더라도 이기적 주민 중 일부는 이기형 제도를 지지할 가능성이 있다고 말씀드렸는데, 이런 사람이 10% 정도 있을 것으로 봅니다. 이 비율과 함께 앞서 제가 제시했던 성향별 주민 비율을 적용하였더니 [표 9]처럼 이기형, 균형형, 이타형 제도 지지율이 6%, 62%, 32%로 나왔습니다. 저도 고복지 님처럼, 같은 성향의 주민의 지지가 이기형 외에 균형형과 이타형으로 나뉠 경우에는 단순화를 위해 각각 반반씩 처리하였습니다.

[표 9] 성향별 제도 지지율 – **신자유** (%)

성향 \ 지지 제도	이기형	균형형	이타형	합계
이기	6	27	27	60
균형	0	30	0	30
이타	0	5	5	10
합계	6	62	32	100

나중도

고복지 님처럼 계산해 보니 제 추정치는 [표 10]처럼 이기형, 균형형, 이타형 제도 지지율이 0%, 65%, 35%로 나왔습니다. 고복지 님과 성향별 주민 비율 추정치가 다른데도 우연하게도 제도별 지지율은 같게 나왔네요.

[표 10] 성향별 제도 지지율 – **나중도** (%)

성향 \ 지지 제도	이기형	균형형	이타형	합계
이기	0	25	25	50
균형	0	30	0	30
이타	0	10	10	20
합계	0	65	35	100

반면, 신자유 님처럼 이기적 주민 중 10%가 '무모한' 기대를 품는 사람이라고 한다면 제 결과는 [표 11]에서 보듯이 이기형, 균형형, 이타형 제도 지지율이 5%, 62.5%, 32.5%로 나왔습니다.

[표 11] 성향별 제도 지지율 – **나중도** (%)

성향 \ 지지 제도	이기형	균형형	이타형	합계
이기	5	22.5	22.5	50
균형	0	30	0	30
이타	0	10	10	20
합계	5	62.5	32.5	100

이상향

세 분의 추정 결과를 보니, 균형형 제도 지지율이 50%를 훌쩍 넘고 이타형 제도 지지율도 30%를 넘습니다. 반면, 이기적 주민이 다수인데도 주민이 이기형 제도를 지지하는 비율은 매우 낮습니다. 세 분의 세계관이 다른데도 이처럼 의견이 근접할 수 있다는 사실을 알게 된 것은 작지 않은 성과라고 봅니다. 감사합니다.

토론
04

특권의 사례와 대책

이상향

균형형 제도에서는 특권이 소득의 정당한 원인이 될 수 없다는 데 세 분 의견이 일치했습니다. 우리 사회에 존재하는 특권의 구체적인 사례를 보면 균형형 제도를 더 잘 이해할 수 있을 것입니다.

〔토론 2〕에서 “특권은 자신의 노력과 운에 비해 남보다 더 유리한 결과를 얻을 수 있는 원인”이라고 하였습니다. 이해를 돕기 위해 특권을 분류해 보겠습니다. 특권 취득이 자연적으로 제약되어 있는 경우도 있고 사회경제적 사정으로 인해 취득이 어려운 경우도 있습니다. 또 이런 특권 중에는 사회가 공익의 관점에서 의도적으로 인정하는 특권도 있고 의도와는 무관하게 현실적으로 존재하는 비공인특권도 있습니다. 이런 기준으로 특권을 분류하고 각 유형의 대표적인 사례를 예시해 보면 [표 12]와 같습니다.

공인된 특권 중 유형 A, 즉 비특권자의 진입에 자연적인 제약이 존재하는 특권의 대표적인 예는 토지소유권입니다. 토지의 위치와 면적은 자연에 의해 한정되어 있는데 누군가 특정 토지의 소

[표 12] 특권의 분류와 예시

공인 여부 \ 제약	자연적 제약	사회경제적 제약
공인	A 토지소유권, 탄소배출권	B (일부) 면허, 특허
비공인	C 남성특권, 인종특권	D 학벌특권, 정규직특권

유권을 취득하면 다른 사람의 취득 기회는 그만큼 사라지거나 줄어들기 때문입니다. 탄소배출권도 여기에 속합니다. 환경에는 오염을 허용할 수 있는 자연적 한도가 존재하는데 탄소배출권은 그 한도 내에서 탄소를 배출할 수 있도록 공인하는 권리라는 점에서 토지소유권과 다르지 않습니다. 그 밖에도 존재량이 한정되어 있는 자원을 채취할 권리를 설정한다면 이 역시 토지소유권과 동일한 성격의 특권입니다.

유형 B는 사회가 공인하지만 비특권자의 진입에 사회경제적인 제약이 존재하는 특권입니다. 가장 쉬운 예로는 봉건시대의 신분특권을 들 수 있습니다. 지금도 존재하는 예로는 면허, 특허 등을 들 수 있습니다. 의사 면허를 볼까요? 토지와 달리 의사 면허의 총량이 물리적으로 고정되어 있는 것은 아니지만 아무에게나 면허를 준다면 제도의 의미가 없어집니다. 토지소유권도 그렇듯이 합당한 이유가 있다면 면허제도 자체가 부당한 것은 아닙니다. 다만 그로 인해 면허 취득자가 자신의 노력과 기여에 비해 더 많은 소득을 얻는다면 면허가 특권이 됩니다. 많은 학부모가 자녀의 진로로 의사를 선망하는데, 이는 의사 면허에서 특권이익이 발생한다는 현실을 반영하는 것 아닐까요? 특권이익이 없다면 의사가 지금과 같은 인기 직종이 되지 않았겠지요.

신자유

한 가지 확인해 두고 싶습니다. 의사의 소득이 다른 직종보다 높다고 해서 의사 면허가 곧 특권이 되는 것은 아니겠지요?

이상향

물론입니다. 의료행위가 다른 직종에 비해 노력이 더 필요하고 사회적 기여가 더 많다면 의사의 소득이 높은 게 당연합니다. 노력과 기여의 대가를 취하는 것이 바로 균형형 제도이기 때문입니다. 그러나 단지 면허가 있다는 이유로 노력이나 기여에 비해 수입이 많은 상황이라면 의사 면허가 특권이 되고 그 초과수입은 특권이익이 된다는 것입니다. 이 점은 특허의 경우도 동일합니다.

나중도

저도 그 점이 궁금했는데 명확하게 정리되는군요.

이상향

그럼 계속하겠습니다. 사회가 공인하지 않지만 현실적으로 존재하는 특권도 많습니다. 유형 C는 비공인특권 중 자연적 제약이 작용하는 특권입니다. 본인의 선택과 무관하게 자연에 의해 주어지는 성별·인종에 따른 특권이 대표적인 예이지요. 남성 우대 사회의 남성특권, 유색인종에 대한 차별이 존재하는 미국 같은 사회의 백인특권이 여기에 속합니다.

유형 D에 속하는 특권도 매우 많습니다. 우리 생활과 가까운 예로 학벌특권이 있습니다. 우리 사회에는 학벌이 좋은 사람을 우대하는 학벌주의가 만연해 있습니다. 소위 명문대학 졸업자가 같은 능력을 가진 다른 사람보다 인생살이에서 유리하다면 학벌은 특권이 됩니다. 이런 사회에서는 서로 좋은 학벌을 취득하려고 하지만 그런 학벌을 쌓을 수 있는 교육기관의 시설과 정원이 한정되어 있다는 점에서 토지소유권과 닮았습니다. 토지와 같은 물리적 제약이 있는 것은 아니지만 적어도 단기간에는 시설과 정원을 늘리기 어렵다는 사회적 제약이 있는 것입니다. 경력특권도 비슷합니다. 예를 들면, 고위 공직 등 좋은 경력을 쌓은 사람이 사외이사나 로비스트가 되어 능력 아닌 인맥과 연고를 동원하여 영향력을 행사하는 경우가 있습니다. 이런 영향력이 통하는 사회에서는 좋은 경력도 특권이 됩니다. 그런데 경력을 쌓을 기회도 학벌처럼 사회적 제약이 존재합니다.

대기업이 중소기업에, 강자가 약자에게 '갑질'을 해 이익을 취한다면 갑의 특권도 유형 D의 사례가 됩니다. 정규직과 비정규직 간의 차별이 존재하는 사회에서 정규직이 유리한 것도 이 유형의 특권 때문입니다. 시장원리에 따르면 신분이 불안정한 비정규직은 정규직과 동일한 일을 하더라도 불안정에 대한 보상으로 보수를 더 받아야 합니다. 그런데도 오히려 정규직이 비정규직보다 우대받는 현실은 정규직특권이 존재한다는 증거입니다. 수도권특권도 있습니다. 서울중심주의로 인해 한국에서 수도권 주민이 지방 주민보다 유리하다는 사실은 새삼스러운 일이 아닙니다. 지방 주민 중에 장관이 되는 일이 거의 없다는 사실만 보더라도 수도권 특권이 존재함을 알 수 있습니다. 그 밖에도 유형 D의 사례는 많습니다.

신자유

특권이 존재하더라도 누구나 쉽게 취득할 수 있다면 그런 특권은 금방 사라질 것이므로 사회문제가 되지 않을 것입니다. 그래서 상당수 주류 경제학자는 시장에 맡겨 두면 특권 문제가 해소될 것으로 낙관하는 편입니다. 그러나 이상향 님이 제시한 여러 사례를 보면 낙관론을 펴기 어렵습니다. 그래서 저는 특권이 시장에서 쉽게 해소되지 않은 이유를 생각해 보았습니다.

그 이유에 따라 특권을 대체로 세 가지 종류로 나눌 수 있습니다. 첫째, 공급 제약형 특권이 있습니다. 공급이 고정되어 있거나 그에 준하는 정도로 비탄력적이어서 누군가 일부를 차지하면 다른 사람이 그만큼 배제될 수밖에 없는 경우에 발생하는 특권입니다. 이상향 님의 분류에서 유형 A에 속하는 토지소유권, 탄소배출권, 자원채취권이 이런 예입니다. 둘째, 권력형 특권이 있습니다. 공권력이나 경제 권력이 작용하여 시장의 자유로운 경쟁을 제약함으로써 발생하는 특권입니다. 이상향 님이 예시한 봉건시대의 신분특권이나 현대의 갑질특권, 정규직특권 등이 여기에 해당합니다. 셋째, 편견형 특권이 있습니다. 사회적 편견이 시장작용을 왜곡하여 발생하는 특권입니다. 이상향 님의 분류에서 유형 C

에 속하는 남성특권, 인종특권이 대표적인 예입니다.

둘 이상의 이유가 함께 작용하여 발생하는 경우도 있습니다. 예를 들면, 학벌특권은 특정 학벌을 우대하는 사회적 편견이 존재하는 사회에서 좋은 학벌을 얻을 수 있는 학교 정원이 제한되어 생깁니다. 즉 학벌특권은 편견과 공급 제약이 같이 작용하여 생기는 특권입니다. 또한 좋은 학벌을 공유하는 사람들이 사회경제의 결정권을 독과점하여 더욱 유리한 결과를 차지한다면 권력형 특권이 되기도 합니다.

고복지

이상향 님과 신자유 님이 각기 다른 기준의 분류를 제시해 주시니까 이해가 더 잘되는군요. 저는 두 분이 든 여러 사례 외에 일자리특권도 있지 않을까 생각하였습니다. 일자리 공급이 탄력적으로 변화하기 어려운 상황에서 동일한 능력을 갖춘 취업 희망자 중 일부만 능력에 상응하는 일자리를 얻고 다른 사람은 실업 또는 그 하위 직종에 취업할 수밖에 없다면 그 일자리 취업자는 공급 제약형 특권을 누리는 게 아닐까요? 예를 들면, 개인택시 영업권에 프리미엄이 붙어서 거래되고 있다는 사실이 일자리특권의 존재를 증명합니다. 일자리특권까지 포함시킨다면 세상은 특권 천지라고 하겠습니다.

신자유

실업률이 높은 사회에서 경직된 시장 구조 때문에 일자리를 쉽게 늘릴 수 없다면 일자리특권이 더 중요해집니다. 실제로 경제학계에 일자리 지대(employment rent)를 연구하는 분도 있습니다. 여기에서 지대(rent)란 특권이익을 의미합니다. 시장 작용에 대해 낙관적인 믿음을 가진 신자유주의 중심의 학계 분위기 속에서 아직 주목받지는 못하지만, 앞으로 로봇과 인공지능이 사람의 일자리를 대신해 간다면 일자리특권이 점점 부각될 것입니다.

이상향

균형형 제도에 어긋나는 특권이 이렇게 많은데 이 문제를 어떻게 풀어야 할까요?

나중도

우선 특권을 줄여야 하겠습니다. 사회가 특권을 공인할 때는 그것이 공익을 증진한다는 사실을 철저하게 입증해야 합니다. 공인하지 않은 특권이 현실적으로 존재한다면 가급적 줄이기 위해 노력해야 합니다.

신자유

권력형 특권은 정부가 나서서 반드시 없애야 하고 또 마음만 먹으면 없앨 수 있다고 봅니다. 편견형 특권은 오랜 세월 관습에 의해 형성된 경우가 많아서 정부의 노력만으로 단기간에 없애기가 쉽지 않을 것입니다. 그렇더라도 교육과 사회 캠페인을 통해 줄여 나가야 하겠습니다. 공급 제약형 특권은 정부가 제약 자체를 없애거나 줄이기가 불가능하거나 매우 어려울 것으로 봅니다. 어떤 유형이든 특권이 일단 존재한다면 최소한 취득 기회라도 균등하게 보장해야 합니다.

고복지

두 분 말씀에 동의하지만 그 정도로는 충분하지 않다고 봅니다. 특권이 존재하면 그 특권에서 이익이 발생하게 됩니다. 신자유 님 말씀처럼 사회에는 없애기 어려운 특권이 적지 않고 특권이익이 누적되어 부당한 빈부격차가 발생합니다. 〔토론 2〕에서 우리는 원인자가 특정되지 않은 경우에는 결과를 주민에게 공동 귀속시키는 것이 균형형 제도라고 했으니 특권이익도 환수하여 공평하게 처리해야 할 것입니다.

이상향

세 분 말씀을 종합하면 균형형 제도의 특권 대책 3원칙이 됩니다.
- 첫째, 꼭 필요한 최소한의 특권만 인정한다.
- 둘째, 특권 취득 기회를 균등하게 보장한다.
- 셋째, 특권이익을 환수하여 공평하게 처리한다.

(세 사람 모두 특권 대책 3원칙에 동의)

이상향

3원칙 중 셋째 원칙을 실행에 옮기려면 특권이익의 측정이 필요합니다. 특권이익의 크기는 그 특권으로 인해 특권자가 유리해지는 정도이자, 비특권자가 불리해지는 정도와 같습니다. 특권 중 가장 대표적이고 이해하기가 쉬운 토지소유권을 예로 들어 보면 좋겠습니다. 경제학 전공자인 신자유 님이 설명을 더 잘하실 것 같습니다만.

신자유

토지소유권의 이익에 관해 경제학 교과서에 나오는 내용을 소개하겠습니다. 토지소유권은 특권이지만 주거용 또는 생산용 토지에 대한 배타적인 권리를 설정하는 것이 공익에 부합한다고 보아 토지사유제를 공인하는 나라가 많습니다. 토지국유를 원칙으로 하는 나라에서도 중국처럼 장기적인 토지사용권을 민간에게 주는 경우가 있는데, 어느 쪽이든 토지의 배타적 사용권에서 특권이익이 발생한다는 사실은 다르지 않습니다. 특정 토지를 차지한 사람이 얻는 유리함 혹은 토지를 차지하지 못한 사람이 받는 불리함은 바로 토지의 임대가치, 즉 지대로 나타납니다.

지대가 결정되는 과정을 간략히 말씀드리겠습니다. 토지는 필지마다 형질과 위치가 다르기 때문에 품질에 따라 여러 등급으로 나눌 수 있습니다. 예를 들어, 토지에 5개 등급이 있고 평균적인 능력을 가진 사람이 각 등급의 토지를 사용하면 단위면적당 연간 각각 100, 90, 80, 70, 60의 수익을 얻을 수 있다고 해 봅시다. 사람들은 생산성이 높은 1등급 토지부터 사용하게 될 텐데, 사회의 수요를 충족시키기 위해 1등급, 2등급 토지가 모두 사용되고 3등급 토지의 일부까지 사용하는 상황이라고 가정합시다. 이때 3

등급 토지를 한계토지라고 합니다. 사람들이 사용하는 토지 중에서 가장 품질이 나쁜 토지 또는 사람들이 사용하지 않는 토지 중에서 가장 품질이 좋은 토지가 한계토지입니다. 토지 소유자가 일부러 유휴 상태로 두는 땅은 한계토지가 아니라 유휴지입니다.

특정 토지의 지대는 그 토지의 수익과 한계토지의 수익의 차이입니다. 즉 우리 예에서는 1등급, 2등급, 3등급 토지의 단위면적당 연간 지대는 각각 20, 10, 0이 됩니다. 사회 수요의 변화가 생겨서 4등급 토지의 일부까지 이용하게 되었다고 하면 각 등급 토지의 연간 지대는 10씩 올라서 30, 20, 10, 0이 됩니다. 두 상황을 정리하면 [표 13]과 같습니다.

[표 13] 지대의 발생과 변화

		1등급 토지	2등급 토지	3등급 토지	4등급 토지	5등급 토지
객관적 수익/년		100	90	80	70	60
상황 1	사용 여부	사용	사용	일부 사용		
	지대/년	20	10	0		
상황 2	사용 여부	사용	사용	사용	일부 사용	
	지대/년	30	20	10	0	

이상향

설명 고맙습니다. 토지특권을 통해 이해한 내용은 다른 특권에도 적용할 수 있겠지요?

신자유

다시 저를 바라보면서 말씀하시는군요. (일동 웃음)

경제학에서는 특권이익을 지대 또는 경제지대(economic rent)라고 하는데 토지지대의 개념이 일반화되어 그렇게 부르게 되었습니다. 교과서에서는 경제지대를 "사람들로 하여금 경제활동을 계속하도록 유도하기 위해서 꼭 지불해야 하는 최소한도의 수준을 초과한 소득"(이정전, 2008: 295)이라고 정의합니다. "공연히 지불된 돈 혹은 굳이 지급하지 않아도 아무런 지장이 없는 소득"(같은 책: 295)이기도 합니다. 좀 어렵지요? 그러나 용어가 생소할 뿐 내용은 대단하지 않습니다.

앞에서 설명한 토지지대의 예를 다시 보겠습니다. 한계토지가 3등급 토지일 경우에 1, 2등급의 토지가 이용되려면 그 토지의 지대가 토지소유자의 수중에 들어가야 할까요? 그렇지 않습니다. 지대가 발생은 하지만 그 지대가 누구에게 귀속되든 1, 2등급 토지는 여전히 이용됩니다. 놀리는 것보다 이익이기 때문이지요. 극단적으로 표현하자면, 지대를 모두 징수하여 바다에 내버리더라도 토지 이용에는 변함이 없다는 것입니다. 따라서 토지의 경우 "경제활동을 계속하도록 유도하기 위해서 꼭 지불해야 하는 최소한도의 수준"은 3등급 토지의 생산액이며 그 이상의 금액은 모두 지대가 됩니다.

경제지대의 개념은 천연자원, 특수한 기술, 유명 예술가의 작품, 그리고 단기간에는 공급이 고정된 자원이나 재화 등 재생산할 수 없는 자산 등으로 확대되었습니다. 최근의 연구에 따르면 최고경영자(CEO)의 엄청난 보수는 순수한 시장작용이 아니라 경영 권력(managerial power)의 영향에 의해 형성된 것이기 때문에 상당 부분 경제지대라고 보기도 합니다. 이처럼 지대는 우리가 말하는 특권이익에 해당하는 경제학 용어입니다.

그런데 우리가 특권에 주목하는 이유는, 배제와 차별을 일으키는 특권이 정의를 추구하는 균형형 제도에 위배되기 때문입니다. 그러므로 경제지대 중에서 배제와 차별을 일으키지 않는 금액은 환수 대상이 아닙니다. 예를 들어, 경제학 교과서에 흔히 나오는 사례로, 특출한 운동선수의 고액 연봉의 상당 부분이 경제지대입니다. 그 선수가 다른 직업에 종사할 때 얻을 수 있는 소득보다 단 1원만 연봉이 높아도 선수로 뛸 테니까, 다른 직업의 보수를 초과하는 연봉액은 지대가 됩니다. 그러나 고액 연봉이 다른 사람을 배제하거나 차별한 결과가 아니라면 정의의 관점에서 환수할 이유는 없겠지요.

이상향

네, 감사합니다. 그럼 경제학에서는 배제와 차별의 결과로 생기는 특권이익을 완전히 환수하자는 주장이 많이 나오나요?

신자유

네, 그런 주장이 있기는 하지만 다수의 관심을 받고 있지는 못합니다. 경제학이 정의보다는 효율에 초점이 맞추어져 있어 그렇지 않나 생각합니다.

고복지

혹 특권이익 환수는 사회의 강자층에 불리한 주장이기 때문은 아닐까요? 물론 신자유 님은 다르시지만. 농담입니다. (일동 웃음)

신자유

농담 속에 진리가 있네요. 저 역시 그런 측면이 다분히 있다고 봅니다. 애덤 스미스(Adam Smith, 1723~1790), 리카도(David Ricardo, 1772~1823) 등 위대한 경제학자들은 토지지대는 환수해도 경제에 지장을 주지 않기 때문에 이상적인 과세 대상이 된다고 지적했습니다. 그런데도 토지지대를 우선적인 세원으로 삼자는 주장은 학계의 주목을 받지 못하거든요. 최근에는 경제 권력의 힘이 강해지면서 그런 경향이 더 심해지는 것 같습니다.

고복지

주류 경제학과 대척점에 있는 좌파 경제학의 계급투쟁도 특권의 관점에서 해석할 수 있을 것 같습니다. 자본가라는 특정 계급이 경제 결정권을 휘두르는 사회에서는 노동자와 자본가 사이에 계급투쟁이 발생한다는 것이 칼 마르크스(Karl Marx, 1818~1883)의 견해입니다. 이 현상을 우리 관점에서는, 자본가가 특권을 가지는 사회에서 차별 받는 다른 계급과 갈등이 발생한다고 표현할 수 있습니다. 이에 대한 우리의 대책은, 생산에 참여하는 모든 당사자가 공평하게 기업이나 경제의 결정권을 행사하여 자본가의 특권을 없애거나, 그게 현실적으로 어렵다면 자본가의 특권이익이라도 환수하자는 것입니다. 마르크스는 프롤레타리아 혁명을 대책으로 제시했는데, 특권 대책만으로는 충분하지 않다고 생각했거나 폭력적인 방법을 통해서라도 단기간에 문제를 해결하고 싶었기 때문이 아닐까 추측해 봅니다.

이상향

특권 대책 제3원칙에서 환수한 특권이익을 공평하게 처리하기로 했는데 어떻게 하면 될까요?

나중도

어떤 특권 때문에 불이익을 당하는 사람이 특정된다면 그 환수액으로 우선 이들에게 보상한 다음, 잔액에 대해서는 모든 주민에게 동일한 지분을 보장하면 되겠지요. 잔액을 모든 주민에게 동일한 금액을 분배할 수도 있고, 다른 세금에 우선하여 정부 재정에 충당하여 공평하게 지출하는 방법도 있을 것입니다.

신자유

그런데 특권 대책 3원칙이 확립되지 않은 채로 토지사유제가 이미 정착해 버린 우리 현실에서는 지대를 모두 환수한다는 데 대해 이의를 제기하는 사람이 있지 않을까요? 땅을 살 때 목돈을 내고 매입한 토지 소유자에게서 다시 지대를 징수한다면 토지 소유자가 이중 부담을 하는 게 아니냐는 것입니다. 또 경제 원리에 따르면, 지대를 모두 징수하면 토지 매매가격 즉 지가가 0으로 하락합니다.[134쪽 해설 1 참조] 그래서 단기간에 지대 환수 제도를 도입하면 사회에 큰 충격을 주게 되는데 그에 대한 배려도 필요할 것입니다.

이상향

네, 제도 개혁이 사회에 충격을 주지 않고 연착륙하도록 하는 것도 매우 중요합니다. 기회가 닿으면 꼭 검토하고 싶습니다. 이번 토론을 통해 특권을 더 잘 이해하게 되었습니다. 감사합니다.

토론
05

특권
다시 보기

이상향

우리는 균형형 제도에서는 특권이 정당한 원인이 될 수 없고 부득이한 사유로 특권이 존재할 경우에는 특권 대책 3원칙을 적용해야 한다고 합의하였습니다. 그러나 반론도 있습니다. 특권 문제를 매듭짓기 위해서는 그런 반론에 대해 충분히 검토하는 게 좋겠습니다. 정부 개입에 소극적인 신자유주의자의 반론이 많을 듯하므로 신자유 님께 의견을 부탁드릴까요?

신자유

네, 아무래도 시장을 중시하는 쪽의 반론이 많을 것입니다. 반론은 대체로 두 가지로 정리할 수 있습니다. 첫째, 특권 취득 기회를 균등하게 보장한다면 특권 대책 중 셋째 원칙을 굳이 둘 필요가 없다는 견해가 있고 둘째, 특권을 취득하기 위해 노력을 한다면 그렇게 취득한 특권은 노력의 결과이니 정당하다는 견해도 있습니다.

이상향

취득 과정의 정당성이 취득 대상을 정당하게 만들어 준다는 논리이군요. 그런 견해를 펴는 사람 중에 반상제도나 노예제도처럼 인간을 신분으로 나누어 차별하는 제도가 정당하다고 생각할 사람이 있을까요?

신자유

그런 사람은 없을 것입니다. 200여 년 전만 해도 신분제도를 당연하게 여긴 사람이 적지 않았습니다. 예를 들어, 미국에서 남북전쟁이 끝나기 전까지는 노예제도를 옹호하는 각종 주장이 많았습니다. 그러나 오늘날에는 그런 제도를 공개적으로 옹호하는 사람은 없습니다.

이상향

그럼 역사상 존재했던 신분제도와는 달리 출생 후 어느 시점에 무작위 추첨으로 신분을 결정한다면 신분제도를 정당하다고 할까요? 또 신분 취득을 위한 시합이 매년 열리고 노력을 통해 이 시합에서 승리하는 사람이 신분을 취득한다면 어떨까요?

신자유

반론자들도 추첨을 하든 시합을 하든 신분제도는 정당하지 않다고 볼 것입니다. 그런데 이들 제도는 역사적으로 이미 지나간 문제이기 때문에 합의가 쉽지만 현재 진행형인 제도에 대해서는 다른 견해가 나오기도 합니다.

이상향

그렇군요. 우리는 〔토론 3〕에서 현실이 아니라 환생사회에서 특권을 인정할지 생각해 보았기 때문에 특권이 균형형 제도에 부합하지 않는다고 쉽게 합의했으나, 현실 사회에서는 느낌이 다를 수 있겠습니다.

신자유

네, 그렇지요. 한국에서 매우 민감한 문제인 학벌특권을 예로 들어 볼까요? 학벌주의가 만연한 우리 사회에서 좋은 학벌을 쌓으면 노력과 기여 이상의 우대를 받아 인생살이가 쉬워지기 때문에 학벌특권이 모든 국민의 관심사입니다. 그런데 학벌 취득 기회가 균등하다면 학벌특권을 없앨 필요가 없다거나, 열심히 공부하여 좋은 대학에 입학한 사람이 학벌특권을 누리는 것은 노력의 결과이므로 정당하다고 생각하는 사람이 적지 않습니다. 여기에 더해서 학벌특권을 얻기 위해 학생들이 열심히 공부하면 학력이 높아지므로 학벌특권을 인정하는 것이 나쁘지만은 않다고 하기도 합니다.

이상향

신자유 님은 이미 이런 반론에 대한 답을 가지고 계시겠지만 혹 자유를 중시하는 동료들의 눈치가 보이신다면 나중도 님께 부탁드려도 될까요?

신자유

아니, 눈치 보일 것까지는 없지만……. 아무래도 조금 거리가 있는 나중도 님이 해 주시면 더 좋겠지요.

나중도

네, 그럼 제 생각을 말씀드리지요. 취득 과정이 정당하다고 해서 취득 대상까지 정당하게 되는 것은 아닙니다. 첫째, 신분제도에서 생기는 특권처럼 인간의 평등성을 부정하는 특권은 취득 기회가 아무리 균등해도 신분특권 자체의 부당성이 사라질 수 없습니다. 학벌특권은 장기간 내지 평생 지속되는 특권이므로 신분특권과 사실상 다를 게 없습니다. 신분특권이 정당하지 않다면 학벌특권도 정당하지 않다는 결론을 내려야 일관성이 있습니다.

둘째, 노력해서 취득한다면 특권도 정당하다는 반론에 대해서는 모든 노력이 정당한 것이 아니라 무엇을 위한 노력인가에 따라 다르다는 점을 지적하고 싶습니다. 노력을 많이 하기로는 도둑질을 빼놓을 수 없는데, 그렇다고 도둑질이 정당한 것은 아니지 않습니까? 타인에게 손해를 끼치는 특권을 차지하기 위한 노력은 정당한 노력이 아닙니다.

특권이 이미 존재하는 사회에서 개인이 특권을 취득하기 위해 노력했을 경우, 그 개인의 의지와 노력을 칭찬할 수는 있습니다. 또 사회가 특권을 상당 기간 공인 또는 용인해 오다가 제도를 변경할 경우에 노력을 통해 취득한 특권을 상실하게 될 사람에게 보상할 수도 있습니다. 예를 들어 노예제도를 철폐할 때도 노예

주에 대한 보상이 필요하다는 의견이 적지 않았습니다. 실제로 미국에서는 남북전쟁을 통해 보상 없이 노예제도를 철폐한 반면, 영국이 서인도제도의 노예제도를 철폐할 때는 소유자에게 보상하였습니다. 그러나 개인적 칭찬이나 보상 문제는 특권 자체의 정당성 문제와는 별개입니다.

셋째, 특권을 취득하기 위한 노력이 사회에 도움이 될 수 있다는 반론은 정의가 아니라 효율을 기준으로 하는 판단입니다. 사회제도를 설계할 때는 정의만이 아니라 효율도 고려해야 하니까, 사회의 이익이 매우 크다면 피해자에 대한 보상을 조건으로 하여 특권적 제도에 합의할 수도 있겠지요. 그러나 제 생각에 특권이 사회에 이익을 주는 경우는 거의 없습니다. 학벌특권의 경우, 학생들이 공부를 열심히 한다고 해서 진정한 학력이 높아진다고 하기 어려울 뿐 아니라, 입시 공부에만 매달리다 보면 인간적 성장을 위해 학생 시절에 놓치지 말고 해야 할 일을 희생하게 됩니다. 이처럼 효율의 측면에서 보더라도 특권 취득의 노력은 사회에 도움이 안 된다고 생각합니다. 학생들의 공부를 독려할 필요가 있다면 학벌특권이 아닌 다른 인센티브를 주는 것이 옳습니다.

신자유

나중도 님의 의견에 동의합니다. 특히 특권 취득 노력이 사회에 도움이 되는지에 대해서는 경제학에서 많은 연구가 있습니다. 이런 연구 주제를 '지대 추구'(rent-seeking) [134쪽 해설 2 참조] 라고 부릅니다. 여기서 '지대'는 토지지대만이 아니라 특권이익 전반을 의미합니다. 이들 연구에 따르면 특권을 얻기 위한 노력은 사회적으로 낭비를 초래합니다. 특권으로 얻는 소득은 사회의 생산을 증가시키는 것이 아니라 단지 부의 이전에 불과하며 따라서 특권을 취득하기 위한 경쟁에 지출되는 자원은 그만큼 낭비된다는 것이지요.

지대 추구에 관한 연구에서는 주로 지대 추구 비용의 낭비성에 초점을 맞추고 있지만, 특권적 제도는 그 자체로 완전경쟁시장의 조건을 충족시키지 못한다는 사실도 중요합니다. 특권자와 비특권자로 나뉜 시장에서는 참가자의 노력과 기여에 비례하는 대가가 돌아가지 않기 때문에 완전경쟁시장에서 가정하는 대등하고 자유로운 경쟁이 이루어지지 않는다는 것이지요. 그러므로 경제 효율을 위해서도 특권 자체를 없애거나 부득이 하면 특권이익이라도 환수해야 한다는 특권 대책 3원칙이 필요합니다.

이상향

방금 학벌특권에 대해 생각해 보았는데, 토지특권은 어떨까요? 혹시라도 토지특권은 학벌특권과 다른 점이 있을까요?

신자유

완전경쟁시장에서는 토지특권의 이익 즉 토지 불로소득이 0입니다. 모든 미래 지대가 매입지가에 반영되기 때문입니다. 그러므로 토지를 무상으로 또는 헐값으로 취득한 최초의 토지 소유자를 제외하고는 토지소유권에서 특권이익이 생기지 않습니다. 특권 대책 중 세 번째 원칙을 적용해도 환수할 것이 없습니다. 그러나 현실 토지시장은 불완전하여 단지 토지 소유자라는 이유만으로 불로소득을 얻는 경우가 많습니다. 이런 불완전한 시장에서는 당연히 세 번째 원칙을 적용하여 특권이익을 징수하여야 합니다.

그런데 서부 개척의 역사를 가진 미국에는 '목숨을 걸고 토지를 쟁취한 자가 토지를 소유하는 게 뭐 이상한가?'와 같은 감정적 반응도 있습니다. 심지어 뛰어난 학자들까지도 이런 주장을 한 사례가 있습니다. 미국 학계의 영향을 받은 한국의 학계도 토지특권에 대해 관대한 학자들이 많습니다. 토지를 포함한 부동산이 가계 자산의 큰 부분을 차지하고 있는 현실에서 일반 국민 중에도 토지특권을 유지하려는 정서가 강하기도 합니다.

고복지

한국에서 일류 대학 출신 중에 학벌특권을 당연시하는 사람이 많은 것도, '고생해서 일류 대학에 입학하고 졸업했는데 뭐 잘못되었나?'와 같은 정서 때문이겠지요.

신자유

맞습니다. 사회적으로 토지나 자원의 개척이 필요하다고 하면 개척자에게 다른 형태로 보상해 주자고 할 수는 있겠습니다. 국가유공자에게 훈장이나 혜택을 주는 것과 같습니다. 그런데 소유권은 배타적인 사용권, 수익권, 처분권을 영구적으로 행사하는 권리인데 개척의 보상으로 토지나 자원에 대한 소유권을 부여한다면 과잉 보상입니다. 적당한 기간의 사용권 정도라면 몰라도……. 이처럼 혹시라도 학력 경쟁이 사회에 도움이 되는 경우가 있다면 나중도 님 말씀처럼 학벌특권 아닌 다른 유인을 제공하는 것이 좋겠지요.

이상향

혹 균형형 제도에서도 받아들일 수 있는 특권은 없을까요?

신자유

우리는 〔토론 1〕에서 사회제도를 사람 간의 관계가 차등적인 경우와 대등한 경우로 나누고, 모든 인간이 평등하게 존엄하다고 전제하더라도 공직자가 일반 국민보다 그리고 조직의 상급자가 하급자보다더 많은 권한을 갖게 된다고 하였습니다. 이것은 정상적인 업무수행을 위해 필요한 특권이므로 균형형 제도에 위배되지 않습니다.

좋은 예로 헌법 제44조에 의한 국회의원의 특권이 있습니다. 국회의원은 현행범인 경우를 제외하고는 회기 중 국회의 동의 없이 체포 또는 구금되지 않으며, 국회의원이 회기 전에 체포 또는 구금된 때에는 현행범이 아닌 한 국회의 요구가 있으면 회기 중 석방됩니다. 또 제45조는 면책특권도 정하고 있습니다. 국회의원은 국회에서 직무상 행한 발언과 표결에 관하여 국회 외에서 책임을 지지 않습니다. 이것은 우리가 정의한 '특권'임은 분명하지만 국회의원에게 이런 특권을 주는 것은 소신을 가지고 업무를 수행하도록 하기 위해서입니다.

또 국가유공자 후손에게 일정한 혜택을 주는 사례도 있습니다.

수혜자인 후손은 자신의 노력과 운에 비해 남보다 유리한 결과를 얻는 특권을 갖습니다. 그러나 이 역시 국가에 대한 개인의 헌신을 기리고 장려하기 위한 사회적 필요성에 의해 설정하는 특권이므로 균형형 제도에서도 도입할 수 있다고 봅니다.

나중도

그럼 저도 하나 보탤까요? 특권이 이미 존재할 때 이를 시정하는 과정에서 차별 받은 계층에게 일정한 혜택을 주는 경우가 있습니다. 지역균형 인사 제도를 예로 들어 보겠습니다. 균형형 제도가 제대로 확립된 사회라면 수도권특권은 아예 존재하지 않거나 특권 대책 3원칙에 의해 그 특권이익이 환수되었을 것입니다. 그러나 어떤 이유로든 그렇지 못한 상황이 되었을 경우에, 지역균형 채용을 위해 지방 인재를 우대한다면 지방의 인재가 '특권'을 갖게 됩니다. 그러나 이런 경우는 과거 또는 현재의 차별을 교정 또는 보상하자는 것이 정책의 목적이므로 균형형 제도에서도 부당한 특권이 아닙니다.

이상향

네, 놓치기 쉬운 측면을 지적해 주셔서 특권과 균형형 제도에 대한 우리의 이해가 더 풍성해졌습니다. 취득 기회가 균등하고 노력을 통해 취득한다고 해서 특권 자체가 정당화되는 것은 아니라는 점, 지대 추구는 사회적 낭비를 초래한다는 점, 그리고 균형형 제도에서도 받아들일 수 있는 '특권'이 있다는 점을 알게 되었습니다.

고복지

토론을 마무리하기 전에 한 가지 짚어 두고 싶은 것이 있습니다. 불운한 주민에게 다른 주민의 정당한 소득을 재원으로 하여 복지 급여를 제공한다면 복지 수급자는 우리가 정의한 '특권'을 갖게 됩니다. 즉 자신이 제공한 원인에 비해 더 많은 이익을 얻는다는 것이지요. 그러나 이것은 누구에게나 인간다운 생활을 보장하려는 복지제도의 목적이기 때문에 이런 특권은 정당하다고 해야 하지 않을까요?

신자유

고복지 님 말씀처럼 균형형 제도에서는 복지 수급권을 특권으로 이해할 수밖에 없습니다. 비유하자면 복지는 개미가 베짱이를 먹여 살리는 일이라고 표현할 수도 있습니다. 불운한 주민에게 도움을 주지 말아야 한다는 뜻이 아니라 복지는 균형형 제도의 영역에 속하는 정의가 아니라 이타형 제도의 영역에 속하는 자선이라는 것입니다.

이상향

두 분이 좋은 점을 지적해 주셨습니다. 만일 균형형 제도만으로도 인간다운 생활을 보장할 수 있다면 특권을 설정하지 않고도 복지의 문제가 해결되는데, 그게 가능한지 〔토론 8〕에서 다루기로 합니다. 감사합니다.

토론 06

운은 '이상한 놈'

이상향

앞에서 특권에 대해 토론해 보았는데 균형형 제도에 대한 검토를 마무리하려면 아무래도 운에 대해서도 생각해 보아야 하겠습니다. 균형형 제도에서 노력은 정당한 원인이므로 노력한 자에게 그 결과를 귀속시켜야 하며, 특권은 부당한 원인이므로 대책이 필요하다는 데 이미 합의하였습니다. 그렇다면 나머지 원인, 즉 인간이 통제할 수 없는 원인인 운은 어떻게 다루어야 할까요?

토론에 들어가기 전에 우리 주제에 맞게 운을 분류해 두는 게 좋겠습니다. 운에는 선천적 자질, 집안 환경처럼 본인의 노력과 무관하게 인간의 능력에 영향을 주는 운이 있고, 농사에서 날씨처럼 노력과 결합하여 결과에 영향을 주는 운이 있습니다. 한편 노력이나 능력과 무관한 운, 예를 들면 하늘에서 돈이 비처럼 떨어지는 경우나 천재지변과 같은 운도 있습니다. 각 운을 운1, 운2, 운3이라고 부르겠습니다. 정리해 보면 [표 14]와 같습니다.

[표 14] 운의 종류

명칭	설명	예
운1	노력과 무관하게 인간의 능력에 영향을 주는 운	자질, 집안
운2	노력과 결합하여 결과에 영향을 주는 운(능력 제외)	농사 날씨
운3	노력 및 능력과 무관하게 작용하는 운	돈 비, 천재지변

나중도

요즘 우리 사회에는 '수저론'이 공감을 얻고 있습니다. 좋은 집안 출신을 '금수저', 평범한 집안 출신을 '흙수저'라고들 부릅니다. 이런 경우는 어디에 해당되나요?

이상향

매우 적절한 질문입니다. 출신 집안이 개인에게 영향을 미치는 경우는 두 가지일 것입니다. 하나는 집안을 배경으로 하여 특권을 누리는 경우이고 다른 하나는 집안 덕에 능력을 잘 기르는 경우입니다. 좋은 집안에 태어난 덕에 좋은 학벌을 취득해서 인생이 유리해지는 경우는 학벌특권에서 다루면 되고, 좋은 집안에서 자란 덕에 능력이 우수해졌다면 운1에 포함시키면 됩니다.

나중도

그렇게 하면 '수저론'도 기존의 분류에 다 포함시킬 수 있겠습니다.

이상향

네, 그렇습니다. 그럼 균형형 제도에서는 운의 결과를 어떻게 다루어야 할까요?

고복지

저는 균형형 제도의 취지가 본인이 선택하지 않은 원인에 의해 인생의 유불리가 결정되지 않도록 하는 데 있다고 봅니다. 따라서 모든 운의 결과가 본인에게 귀속되지 않도록 해야 할 것입니다.

신자유

균형형 제도는 이기적 행동을 허용하지 않는 제도입니다. 운은 인간의 통제 밖에서 주어지는 원인이므로 여기에서 말하는 이기적 '행동'이 아닙니다. 따라서 균형형 제도에서는 운의 결과를 모두 본인에게 귀속시키는 것이 옳다고 봅니다.

나중도

균형형 제도는 원인 제공자에게 결과를 귀속시키는 제도이므로 자신의 노력과 전혀 무관한 운3의 결과를 본인에게 귀속시키는 것은 균형형 제도에 어울리지 않습니다. 반면 운1과 운2는 본인의 의도와 무관하게 주어지는 원인이지만 행위가 있어야만 결과에 영향을 줍니다. 따라서 운1, 2는 어느 측면을 중시하느냐에 따라 그 결과를 행위자에게 귀속시킬 수도 있고 귀속시키지 않을 수도 있다고 봅니다.

그래서 효율의 관점에서 생각해 보겠습니다. 정의가 가장 우선적인 기준이 되어야 하지만 정의를 훼손하지 않는 범위 내에서 효율이라는 기준을 추가 적용하면 더 세련된 제도를 설계할 수 있을 것입니다. 운1의 결과를 본인에게 귀속시키면 능력을 발휘하도록 유도하는 인센티브로 작용하지만 다른 운은 그렇지 않습니다. 운3은 말할 것도 없고 운2의 경우도 수확에 영향을 주는 날씨처럼 당사자의 노력에 대한 인센티브가 되지 않습니다.

이 점은 소득과 같은 이익 외에 처벌과 같은 불이익의 경우를 생각해도 마찬가지입니다. 운1에 의해 선천적으로 힘이 센 사람과 약한 사람이 동일한 정도의 폭행을 한다면 힘 센 사람이 야기하는 피해가 더 클 것입니다. 그럼 이런 경우에 운1에 의해 타고난 체력의 영향을 배제한다면 두 사람을 동일하게 처벌해야 합니다. 피해가 다른데도 처벌이 동일해야 할까요? 힘이 센 사람으로 하여금 다른 사람보다 더 많은 주의를 기울이도록 유도할 필요가 있습니다. 이런 이유에서도 운1의 결과는 본인에게 귀속시키는 것이 좋다고 봅니다.

그래서 운1의 결과는 본인에게 귀속시키고 운3의 결과는 특권이익처럼 공유로 해야 하지만, 운2의 결과는 반드시 어느 쪽으로 하는 것이 좋다고 말씀드리기 어렵습니다. 두 분과 달리 제 생각은 단순명료하지 않군요.

고복지

운1의 결과를 본인에게 귀속시켜야 한다고 하셨는데, 부유한 집안에서 태어나 사교육을 많이 받은 덕에 다른 사람보다 더 큰 능력을 갖추게 된 경우에 그 결과를 모두 그 사람에게 귀속시켜야 할까요?

나중도

네, 좋은 지적을 해 주셨습니다. 교육은 개인의 자질을 발견하고 능력을 함양하는 과정이므로 균형형 제도에서는 당연히 공교육이 이런 기능을 담당해야 합니다. 그리고 학벌특권이 존재하지 않는다면 우리 현실처럼 사교육이 번성할 리도 없습니다. 사교육으로 인해 능력의 차이가 크게 발생한다면 그건 이미 균형형 제도에서 벗어난 상태라고 하겠지요.

이상향

세 분의 말씀을 들으니 운에 관해서 만장일치 합의를 이루기는 어렵겠습니다. 노력, 특권, 운은 각각 '좋은 놈, 나쁜 놈, 이상한 놈'이라는 생각이 듭니다. 세 분의 의견을 정리하면 [표 15]와 같습니다.

[표 15] 본인 귀속 판단

원인	고복지	나중도	신자유
운1	×	○	○
운2	×	△	○
운3	×	×	○

○은 정당, ×은 부당, △는 중간

균형형 제도에서 공공경비를 조달하기 위한 최적의 재원은 당연히 특권이익이지만 특권이익만으로 충분하지 않아 추가 재원이 필요하다면 다른 원인에 의한 소득도 징수해야 할 것입니다. 균형형 제도에서 노력은 정당한 원인이라는 데 다 동의하셨으므로 결국 특권이익 다음의 징수 대상은 운에 의한 소득이 될 것입니다. 운에 관한 세 분의 판난을 기초로 하여 공공재원 조달의 우선순위를 정해 보면 좋겠습니다.

나중도

주민이 우리 세 사람뿐이라면 다수결로 결정할 경우, 특권이익 다음으로 운3에 의한 불로소득이 징수 대상이 되겠군요. 그러고도 공공경비가 부족하여 추가재원을 마련해야 한다면 다음 순서는 운2, 운1에 의한 소득이 되겠지요.

신자유

저는 원칙적으로 운의 결과를 모두 본인에게 귀속시키고 정부가 간섭하지 말자는 입장이지만 비상사태의 경우에 공공재원이 꼭 더 필요하다면 나중도 님이 제안하신 우선순위에 동의합니다.

고복지

저는 원칙적으로 모든 운의 결과를 본인에게 귀속시키지 말자는 입장이지만 공공재원의 우선순위를 정해야 한다면 역시 나중도 님의 순위에 동의합니다. 다만 이미 말씀드렸듯이 공교육이 부실한 상태에서 부유한 집안 출신이 사교육에 의해 형성된 우수한 능력 덕에 많은 소득을 올릴 경우에는 그 초과소득 부분은 운2에 의한 소득과 같은 순위로 다루어야 할 것으로 봅니다.

또 운의 결과를 본인에게 귀속시킬 경우 빈부격차가 극심해진다면 역시 다른 대책이 필요하지 않을까요?

신자유

네, 좋은 말씀입니다. 자연 현상은 대체로 좌우대칭의 정규분포를 이룬다는 사실은 잘 알려져 있습니다. 그런데 소득은 이상하게도 중·저소득층에 쏠리는 비대칭적인 분포를 이루면서 심한 빈부격차를 나타내는 경우가 많습니다. 이것은 주로 부자연스러운 원인, 즉 사회가 설정 또는 묵인하는 특권 때문이라고 저는 생각하고, 따라서 우리가 합의한 특권 대책 3원칙을 지키면 운에 의한 빈부격차는 큰 문제가 되지 않을 것으로 예상합니다. 그러나 이러한 제 생각은 엄밀한 근거를 바탕으로 한 것은 아니므로, 고복지 님의 염려처럼 운으로 인해 심한 빈부격차가 발생한다면 재고할 수 있습니다.

이상향

운에 관해서는 의견이 엇갈리지만 추가 공공재원의 우선순위에 대해서는 대체로 합의를 본 듯합니다.

운과 관련하여 사회적 지위에 영향을 주는 상속·증여를 어떻게 다루어야 할지도 관심 대상입니다. 어떻게 생각하시는지요?

신자유

그렇습니다. 상속·증여에는 양면성이 있습니다. 피상속자와 증여자가 균형형 제도에 부합하는 방식으로 형성한 재산이라면 처분권을 존중하여야 합니다. 또 저는 모든 운의 영향을 본인에게 귀속시키자는 입상이므로 상속·증여 소득도 본인에게 귀속시키기를 원합니다.

고복지

그러나 상속자와 수증자의 입장에서는 아무런 노력 없이 순전히 운에 의해 얻는 소득이므로 운3에 의한 불로소득과 같습니다. 저는 운에 의한 결과를 본인에게 귀속시키지 말자는 입장일 뿐 아니라 다음 세대에 부당한 불평등을 물려준다는 점도 염려되어 상속·증여 소득에 대해 부정적입니다.

나중도

저는 처분권을 존중하면서도 부의 대물림도 동시에 염려하여 절충점을 찾고 싶습니다.

신자유

고복지 님과 나중도 님이 상속·증여가 다음 세대 간 불평등을 야기할 것으로 염려하시는 뜻은 잘 알겠습니다. 저도 그 점을 생각하지 않은 것은 아닙니다. 지금처럼 특권이익을 제대로 환수하지 않는 사회에서는 커다란 빈부격차가 발생하며 따라서 상속·

증여가 불평등의 큰 요인이 됩니다. 그러나 우리가 합의한 대로 특권이익을 모두 환수하여 공평하게 처리하는 사회에서는 경제적 격차가 지금보다 매우 작을 것이고 따라서 상속·증여 소득이 다음 세대의 불평등에 미치는 영향도 훨씬 작을 것으로 예상합니다.

나중도

그럼 특권이익을 환수해도 상속·증여가 차세대 빈부격차의 큰 원인이 된다면 신자유 님도 상속·증여 소득의 전부 또는 일부 환수에 동의하실 수 있나요?

신자유

그럴 가능성이 낮지만 혹 그렇다면 적절한 조치가 필요하다는 데 동의합니다.

나중도

이번에는 고복지 님께 질문드려도 될까요? 신자유 님의 말씀처럼 상속·증여가 다음 세대의 불평등에 별 영향을 미치지 않는다면 어떻게 하시겠습니까?

고복지

저도 신자유 님과 같은 대답을 할 수밖에 없습니다. 그럴 가능성이 낮다고 생각하지만 혹 그렇다면 환수의 정도를 낮출 수 있겠지요.

나중도

그럼 상속·증여가 차세대 불평등도에 미치는 영향에 따라 두 분의 의견이 접근할 수 있겠습니다. 저 역시 상황에 따라 입장을 조정할 수 있습니다. 그렇다면 한 가지 더 생각할 점이 있습니다. 앞에서 우리는 추가 징수의 우선순위에서 여러 운 중에서 운1을 가장 후순위로 정했습니다. 그런데 운1의 영향력이 매우 커서 그로 인해 심한 불평등이 야기된다면 그 우선순위도 재고할 수 있지 않을까요?

이상향

노력과 특권처럼 만장일치에 이르지는 못했지만 그래도 이번 토론에서도 성과가 많았습니다. 세 분의 의견을 종합하면, 특권 이익 이외의 추가 공공재원의 우선순위를 정한다면 운3에 의한 소득, 더 필요하다면 운2에 의한 소득을 징수하면 되겠습니다. 다만 이 순위는 상속·증여 소득처럼 불평등에 미치는 영향에 따라 탄력적으로 조정할 수밖에 없겠습니다. 역시 운은 '이상한 놈'입니다. 그래도 세 분의 세계관이 서로 다르다는 점을 감안하면 상당히 건설적인 합의를 이루었다고 봅니다. 감사합니다.

토론 07

현실의 주민은 어떤 제도를 지지할까?

이상향

환생사회 설계에서는 합의 당사자가 환생 후 자신이 어떤 처지가 될지 모른다고 가정하였습니다. 그러나 사람들이 자신의 처지를 알고 있는 현실에서는 지지하는 제도가 다를 수 있습니다. 그래서 현실과 환생사회 설계가 어느 정도까지 근접할 수 있을지를 검토해 보는 것도 의미가 있을 것입니다. 〔토론 3〕의 환생사회 설계에서 자신의 성향을 아는 주민이 지지할 제도를 예상해 본 것처럼, 이번에는 자신의 성향 외에 소속 계층도 알고 있다면 어떤 제도를 지지할지 예상해 보겠습니다. 〔토론 3〕에서 좋은 시범을 보여 주신 나중도 님께서 이번에도 수고 좀 해 주시겠습니까?

나중도

그럴까요? 칭찬을 받으니 힘이 납니다. (일동 웃음)

주민이 지지하는 사회제도는 자신이 속한 계층에 따라, 더 정확하게 자신의 소속 계층에 대한 인식에 따라 달라집니다. 그래서 각자 인식하는 자신의 소속 계층을 강자, 중간층, 약자로 구분해 보겠습니다.

이기적 주민은 자신에게 유리한 제도를 지지합니다. 그래서 이기적 주민 중 강자는 남에게 손해를 끼쳐도 제재를 가하지 않는 이기형 제도를 지시할 것입니다. 이기적 주민 중 약자는 복지제도와 같은 이타형 제도를 지지할 것입니다. 이기적 주민 중 중간층은 이기형 제도에서는 강자의 침해를 받을 염려가 있고 이타형 제도에서는 원치 않게 약자를 도와야 할 염려가 있으므로 균형형 제도를 지지할 것입니다.

반면, 균형적 주민은 기본적으로 자신의 성향에 맞는 균형형 제도를 선호하겠지만, 그중 약자는 눈앞의 사정이 어려운 만큼 부득이 자신의 성향과는 다른 이타형 제도를 희망하는 경우도 꽤 있을 것입니다. 그리고 이타적 주민은 기본적으로 이타형 제도를 선호할 것입니다. 그러나 이들은 타인에 대한 배려심이 많기 때문에, 다른 성향을 가진 주민에게 이타형 제도를 강요하는 것은 지나치다고 생각하는 사람도 있을 것이고 이들은 사회 화합을 위해 균형형 제도라면 지지할 용의가 있을 것입니다. 그러나 아무리 양보하더라도 타인에게 손해를 입히는 행위를 허용하는 이기형 제도를 지지하지는 않을 것 같습니다.

이런 예상을 정리하면 [표 16]과 같습니다.

각 제도에 대한 구체적인 지지 비율은 주민의 성향 구성비와 함께 계층 구성비에 의해 정해질 것입니다. 이 중에서 성향 구성비는 이미 앞에서 추정해 보았으므로 계층 구성비를 추가하면 결과를

[표 16] 주민의 성향과 계층 인식에 따른 지지 제도

계층 인식 \ 성향	이기 성향	균형 성향	이타 성향
강자	이기형	균형형	이타형+균형형
중간층	균형형		
약자	이타형	균형형+이타형	

얻을 수 있겠지요.

계층을 강자, 중간층, 약자로 나눌 때 그 비율이 단순히 1 : 1 : 1이 되지는 않을 것입니다. 제도 지지를 결정할 때는 실제 소속 계층보다는 자신이 주관적으로 인식하는 소속 계층이 중요한데, 자신을 강자라고 인식하는 비율은 20%보다 더 작을 것입니다. 그러나 강자의 비율을 최대한으로 잡아 20%라고 해 두겠습니다. 나머지 80%는 중간층과 약자가 반씩, 즉 각 40%씩이라고 가정합니다. 또 동일 집단의 지지 제도가 둘로 나뉠 경우에는 〔토론 3〕에서처럼 구성비를 단순히 1 : 1이라고 가정하겠습니다.

저는 〔토론 1〕에서 이기적, 균형적, 이타적 주민이 각각 50%, 30%, 20%일 것으로 추정하였으므로 위의 가정과 이 비율로 계산하면 [표 17]과 같은 결과가 나옵니다.*

이 표에서 제도의 유형별로 지지율을 합산하면 이기형, 균형형, 이타형이 각각 10%, 54%, 36%가 됩니다. 즉, 현실의 주민도 이기형 제도를 지지하는 사람은 많지 않은 가운데, 과반수가 균형

* 포털 〈다음〉의 인터넷 카페인 〈지공주의 연구실〉 내 '자료실'에 지지율 계산을 위한 엑셀 프로그램과 설명 파일이 있다.

[표 17] 제도 유형별 지지율 예상치 – **나중도** (%)

계층	제도 유형	이기 성향	균형 성향	이타 성향	합계
강자	이기형	10	0	0	10
	균형형	0	6	2	8
	이타형	0	0	2	2
	소계	**10**	**6**	**4**	**20**
중간층	이기형	0	0	0	0
	균형형	20	12	4	36
	이타형	0	0	4	4
	소계	**20**	**12**	**8**	**40**
약자	이기형	0	0	0	0
	균형형	0	6	4	10
	이타형	20	6	4	30
	소계	**20**	**12**	**8**	**40**
합계		50	30	20	100

형 제도를 지지하고 3분의 1 정도가 이타형 제도를 지지할 것으로 예상됩니다. 이기적 주민이 50%를 차지해도 이기형 제도를 지지하는 사람이 많지 않다는 점이 특히 주목됩니다. 저는 종래 막연히 주민 합의를 통해서는 이상사회로 나아가기 어렵다고 생각해 왔는데 이런 결과를 보면서 희망을 갖게 되었습니다.

신자유

저도 나중도 님의 방식에 따라 계산해 보겠습니다. 저는 이기적, 균형적, 이타적 주민이 각각 60%, 30%, 10%라고 추정하였으므로 이를 대입하면……. (잠시 후) [표 18]과 같은 결과가 나옵니다.

[표 18] 제도 유형별 지지율 예상치 – **신자유** (%)

계층	제도 유형	이기 성향	균형 성향	이타 성향	합계
강자	이기형	12	0	0	12
	균형형	0	6	1	7
	이타형	0	0	1	1
	소계	**12**	**6**	**2**	**20**
중간층	이기형	0	0	0	0
	균형형	24	12	2	38
	이타형	0	0	2	2
	소계	**24**	**12**	**4**	**40**
약자	이기형	0	0	0	0
	균형형	0	6	2	8
	이타형	24	6	2	32
	소계	**24**	**12**	**4**	**40**
합계		60	30	10	100

이 표에서 제도의 유형별로 지지율을 합산하면 이기형, 균형형, 이타형이 각각 12%, 53%, 35%가 됩니다. 이기적 주민이 60%를 차지해도 이기형 제도를 지지하는 사람이 많지 않다는 예상 밖의 결과가 나와 저도 놀랐습니다. 이 결과를 통해 나중도 님처럼 현실에서도 주민의 합의를 통한 개혁이 가능하다는 희망을 갖게 됩니다.

고복지

저도 같은 방식을 사용하였습니다. 저는 이기적, 균형적, 이타적 주민이 각각 40%, 30%, 30%라고 추정하였으므로 이를 대입하여 [표 19]와 같은 결과를 얻었습니다.

[표 19] 제도 유형별 지지율 예상치 – **고복지** (%)

계층	제도 유형	이기 성향	균형 성향	이타 성향	합계
강자	이기형	8	0	0	8
	균형형	0	6	3	9
	이타형	0	0	3	3
	소계	**8**	**6**	**6**	**20**
중간층	이기형	0	0	0	0
	균형형	16	12	6	34
	이타형	0	0	6	6
	소계	**16**	**12**	**12**	**40**
약자	이기형	0	0	0	0
	균형형	0	6	6	12
	이타형	16	6	6	28
	소계	**16**	**12**	**12**	**40**
합계		40	30	30	100

이 표에서 제도의 유형별로 지지율을 합산하면 이기형, 균형형, 이타형이 각각 8%, 55%, 37%가 됩니다.

이상향

그럼 제가 세 분의 결과를 종합해 볼까요? [표 20]과 같은 결과가 나오는군요.

결과를 보니 환생사회 설계 때와 비교하면 큰 차이가 없으며 이기형과 이타형 제도 지지율이 조금 높아지고 균형형 제도 지지율은 조금 낮아졌습니다. 그래도 역시 균형형 지지율은 50%가 넘고 이타형 제도 지지율도 30%가 넘습니다.

[표 20] 제도 유형별 지지율 비교 (%)

지지 제도	고복지	나중도	신자유
이기형	8(0)	10(0/5)	12(6)
균형형	55(65)	54(65/62.5)	53(62)
이타형	37(35)	36(35/32.5)	35(32)

* 괄호 속은 환생사회 설계 때의 비율(〈토론 3〉 참조)

이기적 주민이 많고 또 모든 주민이 자신이 소속한 계층을 의식하는데도 이기형 제도 지지율이 얼마 되지 않는다는 결과는 매우 인상적입니다. 그러나 생각해 보면 이 결과가 이상할 것도 없습니다. 이기형 제도를 지지하는 비율은 전체 주민 중 이기적이면서 동시에 강자인 비율과 같습니다. 그런데 자신을 강자라고 생각하는 주민 비율은 아무리 많아도 50%를 넘지 않습니다. 자신과 힘이 비슷한 사람이 주민 중 반이 넘는다면 자신이 강자가 아니라는 말과 같으니까요. 그러므로 이기적인 주민만으로 구성된 사회라고 해도 이기형 제도 지지율은 50%를 넘을 수가 없고, 성향이 다른 주민도 섞여 있는 사회에서는 지지율이 더 낮을 수밖에 없습니다.

우리는 인간의 이기적 본성이 적나라하게 드러나는 비열한 현실을 겪으면서 국민의 합의를 국정에 반영하는 민주정치에 기대를 걸지 않는 경우가 많습니다. 그러나 이번 토론을 통해, 주민이 이기형 제도를 선택하지는 않을 것임을 알게 되었습니다. 그렇다면 일단, 주민 합의를 통해서도 세상의 품격을 지금보다 더 높일 수 있다는 희망을 갖게 됩니다.

좋은 토론 감사합니다.

토론
08

균형형 제도로 충분한가?

이상향

지금까지의 토론을 통해 알게 되었듯이 환생사회 설계에서나 현실에서나 이기형 제도를 지지하는 주민은 소수이고 대부분은 균형형 제도와 이타형 제도를 지지합니다. 그렇다면 균형형 제도와 이타형 제도 중 어느 쪽을 선택할 것인지를 생각할 차례입니다.

신자유

균형형 제도는 대다수 국가에서 사회제도의 기초를 이루고 있습니다. 대한민국헌법 전문에는 "정치·경제·사회·문화의 모든 영역에 있어서 각인의 기회를 균등히 하고"라는 문구가 있고 제11조에는 "모든 국민은 법 앞에 평등하다. 누구든지 성별, 종교 또는 사회적 신분에 의하여 정치적·경제적·사회적·문화적 생활의 모든 영역에 있어서 차별을 받지 아니한다."고 명시하고 있습니다. 국제연합의 세계인권선언[134쪽 해설 3 참조] 1조에도 "모든 사람은 태어날 때부터 자유롭고, 존엄성과 권리에서 평등하다."(All human beings are born free and equal in dignity and rights.)고 되어 있고, 다른 많은 나라의 헌법에도 균형형 제도를 지지하는 표현이 들어 있습니다. 이처럼 균형형 제도는 폭넓은 공감대를 형성하고 있습니다.

고복지

20세기 중반부터 사회보장과 같은 이타형 제도에 대한 관심이 서구 각국을 비롯하여 세계적으로 높아진 것은 반가운 일입니다. 그러나 아직은 노동력이 없는 경우의 필수 생계 지원 정도에 머물러 있습니다.

대한민국 헌법 제34조는 국가의 국민 보호 의무를 다음과 같이 명시하고 있습니다.

> 제34조
>
> ① 모든 국민은 인간다운 생활을 할 권리를 가진다.
>
> ② 국가는 사회보장·사회복지의 증진에 노력할 의무를 진다.
>
> ③ 국가는 여자의 복지와 권익의 향상을 위하여 노력하여야 한다.
>
> ④ 국가는 노인과 청소년의 복지 향상을 위한 정책을 실시할 의무를 진다.
>
> ⑤ 신체장애자 및 질병·노령 기타의 사유로 생활능력이 없는 국민은 법률이 정하는 바에 의하여 국가의 보호를 받는다.
>
> ⑥ 국가는 재해를 예방하고 그 위험으로부터 국민을 보호하기 위하여 노력하여야 한다.

여기서 보듯이 사회보장은 자유권이나 참정권에 비해 제한적으로 규정되어 있습니다. 인간다운 생활을 할 권리를 인정하면서도 국가는 사회보장·사회복지의 증진에 '노력'하여야 한다고 되어 있습니다. 즉 실현 의무가 아니라 노력 의무로 약하게 표현하고 있습니다.

사회보장에서 앞서가는 나라들도 정도의 차이는 있지만 대체로 비슷합니다. 예를 들어, 핀란드 헌법 제19조에도 "품위 있는 삶에 필요한 수단을 얻을 수 없는 사람은 필수 생계 지원과 보호를 받을 권리가 있다."고 하여 사회보장의 범위를 필수 생계로 한정하고 있습니다. 사회주의 국가에서도 마찬가지입니다. 중국 헌법 제45조는 "늙고 병들거나 노동력을 상실한 경우에는 국가 및 사회로부터 물질적 도움을 받을 권리가 있다."고 하여, 노동력이 없는 경우로 한정하고 있습니다.

세계인권선언도 비슷합니다. 제25조 1은 "모든 사람은 식량, 의복, 주택, 의료, 필수적인 사회역무를 포함하여 자신과 가족의 건강과 안녕에 적합한 생활수준을 누릴 권리를 가지며, 실업, 질병, 불구, 배우자와의 사별, 노령, 그 밖의 자신이 통제할 수 없는 상황에서의 다른 생계 결핍의 경우 사회보장을 누릴 권리를 가진다."고 되어 있습니다. 즉 사회보장 권리를 "생계 결핍의 경우"에만 인정합니다.

이런 사례로 볼 때 현재 세계 각국은 대체로 균형형 제도를 위주로 하되 그것만으로는 필수 생계에 위협을 받는 국민이 생길 것을 염려하여 이타형 제도로 보완하는 정도입니다.

신자유

사회보장의 범위를 제한하는 데에는 두 가지 이유가 있을 것입니다. 하나는, 균형형 제도와 이타형 제도가 이론상 양립하기 어렵다고 보기 때문입니다. 균형형 제도는 차가운 공존을, 이타형 제도는 따듯한 공존을 추구하므로 두 제도가 원리상 충돌할 수도 있다는 것이 지금까지 많은 사람이 갖고 있는 견해입니다. 다른 하나는, 사회보장을 위한 충분한 재원을 마련하기 어려울 것으로 생각하기 때문입니다.

나중도

두 가지 이유 다 해결이 어렵다는 것이 지금까지의 일반적인 관념이었습니다. 그런데 균형형 제도만으로 모든 주민의 인간다운 생활을 보장할 수 있다면 이타형 제도 지지자도 균형형 제도에 동의할 수 있지 않을까요?

고복지

그렇게만 된다면 합의도 가능하겠습니다. 저는 사회연대를 중시하며, 모든 사람에게 인간다운 생활을 보장하는 이타형 제도가 품격이 높은 제도라는 신념을 가지고 있습니다. 하지만 나중도 님 말씀처럼 균형형 제도만으로도 사회적 약자 보호에 지장이 없다면 성향과 세계관이 다양한 모든 주민에게 구태여 이타형 제도를 강제할 필요가 없겠지요. 비유하자면 높이뛰기를 50센티미터만 해도 지장이 없다면 굳이 1미터를 넘으라고 주민에게 강요할 이유가 없다는 것입니다.

신자유

고복지 님이 이렇게 유연하게 생각하실 줄은 몰랐습니다. 복지를 중시하는 쪽에서는 무조건(?) 사회연대와 약자 보호를 앞세워 이타형 제도를 고집하는 경우도 있기 때문에 제가 선입견을 가진 듯합니다. 죄송합니다.

고복지

아니, 죄송할 것까지야……. (일동 웃음)

제가 그런 말씀을 드리는 것은 제가 유연해서라기보다 우리 세 사람이 전에 좌도우기(左道右器)의 나라 율도국을 같이 여행하면서 보고 들은 것이 있기 때문입니다.* 우리가 율도국에서 설명을 들었듯이 좌도우기란 좌파가 추구하는 이상을 우파도 동의하는 방식으로 달성한다는 뜻입니다. 우리 식으로 표현하면 이타형 제도로 실현하려는 결과를 균형형 제도를 통해 얻는다는 것이지요. 우리도 율도국처럼 할 수 있다면 균형형 제도에 저도 동의할 것입니다.

나중도

이상향 님은 율도국에 가 보시지 않으셨고 우리도 다녀온 후 시간이 어느 정도 지났으므로 우선 율도국의 제도부터 확인해 두어야 하겠습니다. 당시에 제가 율도국 여행기를 남겨 두었는데,

* 세 사람의 율도국 여행에 대해서는 김윤상(2013) 참조.

그 기록을 바탕으로 율도국의 복지제도를 소개할까요?

이상향

그렇게 해 주시면 감사하지요.

나중도

그럼 율도국의 복지제도를 소개하겠습니다.

율도국은 균형형 제도를 취하고 있기 때문에 특권이익을 환수하며, 또 환수액에 대해서는 모든 주민이 균등한 지분을 가진다는 굳은 합의가 있습니다. 특권이익으로 국민에게 복지를 제공하는 방법에는 크게 두 가지가 있을 것입니다. 단순히, 아무런 조건도 제약도 없이 모든 국민에게 동일한 금액을 나누어 주는 방법이 있습니다. 그런데 조세가 경제 효율을 저해하는 부작용을 염려하시는 신자유 님 같은 분은 특권이익 수입만큼 다른 조세를 감면한다면 더 좋아하실 것입니다. 또 고복지 님 같은 분은, 모든 국민에게 같은 금액을 나누어 준다면 정작 필요한 사람에게 돌아갈 몫이 적어지지 않을까 걱정하실 수도 있습니다. 그래서 율도국에서는 적은 비용으로 필요한 사람에게 많이 지원하는 방식 즉, '생존권보험'을 기본으로 삼고 있습니다.

사회가 관심을 가져야 할 개인 생활비에는 의·식·주와 같이 상시적으로 필요한 비용과 의료(요양 포함), 교육(보육 포함)처럼 특정한 상태 또는 시기에 일시적으로 드는 비용이 있습니다. 전자를 '상시비용', 후자를 '일시비용'이라고 합니다. 율도국에서는 기본적인 상시비용을 보장하기 위해 생존권보험이 있습니다. 개요는 다음과 같습니다.

- 모든 국민은 특별한 신청 절차 없이 수태 시점에 자동 가입한 것으로 간주한다.
- 보험료는 특권이익에 대한 각 국민의 지분으로 납부한다. 수태 전의 모든 잠재적인 인간은 불우한 인생에 처할 확률이 동일하기 때문에 모든 국민의 보험료는 같다.
- 보험사고는 소득이 상시비용에 미달하는 상태를 말하며 사고가 발생하면 그 차액을 보험금으로 지급한다.
- 지급한 보험금은 수령자가 일정 수준 이상의 소득을 얻을 경우에 환수한다.

생존권보험의 보험사고는 두 가지 면에서 특별합니다. 첫째, 일반 보험과는 달리 보험사고의 발생 여부가 참조 기간에 따라 달라질 수 있다는 것입니다. 인생에는 기복이 있기 마련이어서, 일생 동안 엄청난 소득을 올리는 사람도 일시적으로는 경제적 어려움에 처하는 수가 있고 스키장이나 해수욕장처럼 계절에 따라 소득에 큰 차이를 보이는 업종도 있습니다. 이런 경우 짧은 기간을 단위로 보면 보험사고이지만 긴 기간을 단위로 보면 보험사고가 아닐 수 있습니다. 물론 단기간이라도 빈곤에 빠진 사람에게는 일단 보험금을 지급해서 상시비용을 보장해 주어야 합니다. 하지만, 장기간을 통산하여 실제 소득이 상시비용보다 많다면 보험금을 지급할 이유가 없으므로 지급한 보험금을 돌려받습니다. 즉 율도국에서 지급하는 생존권보험금에는 상환의무가 있다는 것입니다. 상환의무의 이행을 담보하기 위해서 상환금 예치제도도 두고 있습니다. 소득이 높은 사람도 장래에 보험사고를 당할 수 있으므로 그럴 경우에 필요한 상환금을 미리 적립해 둔다는 것입니다. 노령에 이르기까지 적립된 금액이 보험금 수령액을 초과하면 그 차액에 이자를 붙여 돌려줍니다. 이런 경우에 적립금은 노후 생활에 대비하는 연금에 가입한 것과 같은 효과를 냅니다.

다만, 장기간의 합산 소득이 상시비용을 초과하자마자 상환을 시작한다면 보험사고에서 벗어나려는 유인이 적을 수도 있습니다. 그래서 율도국에서는 한국 등 여러 나라에서 실시하는 근로장려세제[135쪽 해설 4 참조]에 준하는 상환 방식을 채택합니다.

둘째, 자신의 선택에 따라 빈곤하게 사는 자발적 빈곤자의 경우도 보험사고로 봅니다. 일반 보험에서는 보험사고의 요건으로 우연성이 필요합니다. 즉, 피보험자의 고의가 개입되지 않아야 보험금을 지급한다는 것입니다. 그러나 생존권보험의 목적은 누구에게나 인간다운 생활을 보장하는 데 있습니다. 인간은 누구나 행복할 권리가 있고, 하기 싫은 일을 생계를 위해 억지로 하는 것은 인간다운 삶이 아닙니다. 또 특권이익에 대해서는 모든 사람이 동일한 지분을 갖고 있는데, 보험 방식을 취한다고 해서 자기 삶을 위해 그 지분을 사용할 권리를 박탈하는 것은 옳지 않습니다. 이런 이유에서 자발적 빈곤자에게도 보험금을 지급합니다.

율도국의 생존권 보험제도에 대한 두 분의 평가는 다음과 같았습니다.

(고복지 님의 평가) 자발적 빈곤자에게도 보험금을 지급하는 장치가 마음에 듭니다. 그리고 수령한 보험금에 대한 조건부 상환의무를 둔 점이 생소했는데, 곰곰이 생각해 보니 보험사고가 나지 않았으면 수령한 보험금을 도로 갚는 게 당연하다고 생각됩니다.

(신자유 님의 평가) 개인의 책임을 중시하는 저로서는 상환의무를 둔다는 점이 매우 신선하고 좋습니다. 그리고 자발적 빈곤자에 대해 보험금을 지급하는 데 대해 처음에는 거부감이 들었는데 좀 더 생각해 보니 이해가 됩니다. 특권이익 기금에 대한 지분은 본래 자기 돈이니까요.

생존권보험 외에도 율도국의 주거복지, 의료복지, 교육복지 등도 주목할 만한데 자세한 내용은 제 기행문(김윤상, 2013: 48~54면)에 있으니 길게 언급하지 않겠습니다.

이상향

율도국에서 그런 제도를 실시하고 있다니 놀라운 일이지만 세 분이 직접 둘러보셨으므로 상당한 현실감이 느껴지는군요. 진작 알았더라면 저도 같이 갈 걸 그랬습니다.

나중도

제가 율도국 여행을 주선할 때 이상향 님을 알았다면 초대했을 텐데 아쉽습니다.

실은 저도 율도국의 생존권보험을 접하고는 신자유 님처럼 자발적 빈곤자에 대해서도 보험금을 지급해도 되는지 의문을 가졌습니다. 율도국이 특권 없는 세상이며 특권은 자신의 노력과 운에 비해 남보다 더 유리한 결과를 얻을 수 있는 원인이라고 했는데, 돈을 벌려고 노력하지 않는 사람이 복지 혜택을 받는다면 그것도 또 하나의 특권이 아닌가 하는 의문이 들지요. 그러나 생존권보험은 일하든 놀든 누구나 균등한 지분을 갖는 특권이익을 재원으로 만든 제도인데다가 복지 수급액에 대한 상환의무까지 두기 때문에 특권적 제도가 아니라는 결론을 얻었습니다.

이상향

네, 기존 사회에 너무 익숙한 사람들이 자발적 빈곤자에 대한 복지에 의문을 제기하는 것은 무리가 아닙니다. 성경에도 "누구든지 일하기 싫어하거든 먹지도 말게 하라."와 같은 구절이 있고, 레닌도 자본가를 겨냥한 말이기는 하지만, 공산주의 사회 첫 단계에는 이 원칙이 적용된다고 하였을 정도로 보편적 호소력이 있지요. 그러나 고복지 님이나 나중도 님만이 아니라 신자유 님도 동의하신 것으로 볼 때 율도국 자발적 빈곤자의 복지 수급권은 특권이 아닌 것으로 이해됩니다.

그 외에 자발적 빈곤자에게 생존권보험의 보험금을 지급한다면 베짱이처럼 일하지 않고 놀기만 하는 게으름뱅이까지 보호하는 게 아닌가 하는 의문도 있겠지요?

나중도

네, 먹고살기 위해 싫은 일도 억지로 해 온 세상에서는 당연히 그런 의문이 생길 것입니다. 그러나 그저 무의미하게 놀고먹는 것은 인간의 본성이 아니라고 생각합니다. 헨리 조지의 표현처럼 "무의미한 일에서 해방된다면 인간은 본성적으로 더 열심히, 더 훌륭히 일하게 되며 그럴 때 자신을 위해 또는 타인을 위해 무언가 일다운 일을 하게"(George, 1879, 김윤상 옮김, 2016: 471) 됩니다. 세세 여러 나라에서 특히 사회보장이 잘 된 나라에서 사회봉사 활동이 급속하게 늘어나고 있다는 사실을 보더라도 이 말을 수긍하게 됩니다. 혹 자신의 길을 찾지 못하고 인생을 허비하는 사람이 있다면 사회가 좋은 삶을 살 수 있도록 도와주어야 하겠지요.

이상향

그러면 한국 현실에서 율도국 방식을 채택할 경우 재원이 충분할지 검토해 보면 좋겠습니다.

나중도

한국은행과 통계청이 발표한 '국민대차대조표'를 보면 2018년의 토지 자산이 8,200조 원이 넘습니다. 토지의 연간 임대가치를 자산가격의 3% 내지 5%로 잡으면 우리 국민 1인당 연간 임대가치는 500만 원 내지 800만 원 정도 됩니다. 그 외에 〔토론 4〕에서 보았던 여러 특권에서 생기는 이익까지 합하면 훨씬 더 큰 금액이 됩니다. 또 율도국처럼 보험방식을 택하고 게다가 보험금에 대한 상환의무까지 둔다면 재원을 걱정할 필요는 없을 듯합니다.

고복지

저도 재원은 충분할 것으로 예상합니다. 그렇게만 된다면 대한민국헌법 제34조 제2항 "국가는 사회보장·사회복지의 증진에 노력할 의무를 진다."는 군더더기 조항이 됩니다. 이런 표현은 사회보장·사회복지를 위해서는 소득재분배가 불가피하다고 오해하기 때문에 나오는데, 특권이익만으로도 재분배 없는 복지가 가능하다는 사실을 이해한다면 '노력'하는 대신 그냥 하면 됩니다.

신자유

네, 저도 충분할 것으로 생각하지만 시대마다 나라마다 상황이 다를 수 있으므로 실시하기 전에 특권이익의 크기를 신중하게 추정해 보아야 할 것입니다. 그리고 토지가 이미 사유화된 상태에서 지대를 징수하려면 보상 문제가 따를 텐데, 보상금을 제외한 환수액은 나중도 님의 추정액보다 적지 않을까요?

나중도

네, 그렇습니다. 조금 전 제 말씀은 보상 문제가 없을 경우에 해당합니다. 특권 대책 3원칙을 무시해 온 현실을 개혁하는 과정에서 보상이 필요하다면 특권이익만으로는 부족할 수 있습니다. 현재의 대다수 토지 소유자는 정당하게 지가를 지불하고 토지를 매입한 사람이므로 보상을 원합니다. 보상의 한 방법으로 매입지가와 그 이자 정도를 기존 토지 소유자에게 보장해 주는 방식을 택한다면 그만큼 지대 환수액이 줄어듭니다. 또 사회보장 재원 외에 다른 정부 비용까지 감안하면 재원이 더 필요할 수 있습니다. 그런 경우에는 〔토론 6〕에서 다루었듯이 추가적 공공재원의 우선순위를 적용하면 될 것입니다. 장기적인 세제 개편 계획을 수립하여 서서히 변화를 이루어 나가야 하겠습니다.

이상향

지금까지, 균형형 제도만으로도 이타형 제도가 추구하는 상태를 이루어 내는 율도국 사례를 보았습니다. 그리고 우리나라에서도 실현 가능성이 상당히 높다는 평가도 해 주셨습니다. 율도국 사례를 소개해 주신 나중도 님 그리고 진지하게 토론해 주신 세 분께 감사드립니다.

토론
09

민주 사회에도 특권이 많은 이유

이상향

〔토론 7〕에서 보았듯이 현실에서 이기형 제도는 이기 성향의 강자만이 지지하므로 그 지지 비율이 높을 수가 없습니다. 그런데도, 정치가 국민의 뜻에 따라 이루어지도록 되어 있는 민주 사회에서조차 강자에게 유리한 특권이 많은 이유는 무엇일까요?

고복지

흥미 있는 질문입니다. 민주 사회에서 강자의 특권이 많다면 이유는 단 하나, 포장만 민주주의이고 알맹이는 그렇지 않기 때문이겠지요.

이상향

네, 토론을 시작하기 전에 벌써 결론을 다 말씀해 주셨군요. 〔토론 7〕처럼 이번에도 나중도 님께서 정리 좀 해 주시겠습니까?

나중도

네, 재미있는 주제입니다. 이 책 첫머리에서 우리는 현실의 정치 진영이 [표 1]과 같이 구성된다고 하였습니다.

[표 1] 진보/보수 진영의 지향

진영 / 태도	진보		보수	
공존	A	평등, 사회연대, 복지	B	자유, 개인 책임, 시장
이기	C	무임승차, 타인 의존	D	승자 독식, 기득권 보호

정치 현실의 문제를 다루려면 이러한 진영 구성과 연결시켜 생각해 보는 것이 좋겠습니다. 합리적 진보인 A는 따듯한 공존의 이타형 제도를, 양식 있는 보수인 B는 차가운 공존의 균형형 제도를 원합니다. 반면 이기적인 C는 이타형 제도를, 이기적인 D는 이기형 제도를 각각 원합니다. 이기적인 C가 이타형 제도를 원한다는 말이 이상하게 들릴 수도 있겠습니다만, 자신이 남을 돕기 위해서가 아니라 남이 자기를 이롭게 해 주기를 바라기 때문입니다. 정리하면 [표 21]과 같습니다.

[표 21] 집단별 지지 제도

진영 / 태도	진보		보수	
공존	A	이타형 제도	B	균형형 제도
이기	C	이타형 제도	D	이기형 제도

〔토론 7〕에서 저는 성향과 계층에 따라 지지하는 제도가 [표 16]과 같다고 하였습니다.

[표 16] 주민의 성향과 계층 인식에 따른 지지 제도

<table>
<tr><th>성향
계층</th><th>이기 성향</th><th>균형 성향</th><th>이타 성향</th></tr>
<tr><td>강자</td><td>이기형</td><td rowspan="2">균형형</td><td rowspan="3">이타형+균형형</td></tr>
<tr><td>중간층</td><td>균형형</td></tr>
<tr><td>약자</td><td>이타형</td><td>균형형+이타형</td></tr>
</table>

이 표를 근거로 집단 A, B, C, D의 구성 비율을 계산해 보겠습니다. D의 비율이 가장 간단하게 나옵니다. 이기형 제도를 지지하는 집단은 이기 성향의 강자뿐이므로 D의 비율은 그 비율과 같습니다. B는 균형형 제도를 지지하는 집단이므로 위 표에서 균형형 제도 지지 비율을 모두 합하면 B의 비율이 됩니다. 한 집단의 지지가 둘로 나뉠 때에는 앞에서처럼 각각 반씩이라고 가정합니다. A와 C는 둘 다 이타형 제도를 지지하지만 그 내용은 다릅니다. A는 이타적 주민 중 이타형 제도 지지자로 구성되는데, 이타적 주민의 지지는 이타형 제도와 균형형 제도로 나누어지므로 A의 비율은 이타적 주민 비율의 반이 됩니다. 반면 C는 이기적 주민 중 약자 전부와 균형적 주민 중 약자의 반으로 구성됩니다. 저는 이기적, 균형적, 이타적 주민의 비율을 각각 50%, 30%, 20%로 추정했으므로, 〔토론 7〕에서처럼 이 비율을 대입해서 계산하면 [표 22]와 같은 결과가 나옵니다.

[표 22] 지향별 집단 구성 (%)

진영 / 태도	진보		보수		합계
공존	A	10	B	54	64
이기	C	26	D	10	36
합계		36		64	100

[표 22]를 보면 강자의 특권을 인정하는 이기형 제도를 지지하는 D는 10%밖에 안 되는 반면, 균형형 제도를 지지하는 B가 과반수인 54%나 되어 B를 지지 기반으로 삼는 정당은 단독으로도 정권을 획득하여 균형형 제도를 도입할 수 있습니다. 그런데도 민주주의와 다수결을 표방하는 여러 나라에 강자에게 유리한 특권이 적지 않게 존재하는 것이 현실입니다. 그 이유는, 현실에서 위 표의 비율이 그대로 선거 결과로 이어지지 않기 때문이겠지요. 왜 그럴까요? 도론을 시작할 때 결론을 미리 말씀해 주신 정치 전문가 고복지 님이 답을 알고 계실 듯합니다. 부탁드릴까요?

고복지

듣기에 따라서는 저를 놀리시는 듯도 합니다. (일동 웃음)

앞에서 저는 "포장만 민주주의이고 알맹이는 그렇지 않기 때문"이라고 말씀드렸는데 방금 나중도 님이 하신 말씀과 연결시켜 보면 간접민주주의에서 대표자의 구성이 국민의 구성과 매우 다르기 때문이라고 할 수 있습니다. 현실의 국회의원은 일반 국민에 비해 강자에 속하는 비율이 아주 높습니다. 정치인으로서 선거에 당선되기 위해서는 돈과 여유 그리고 타인의 인정을 받는 스펙이 있어야 합니다. 또 국회의원 자신은 강자가 아니어도 당선과 재선을 위해 강자를 대변할 수밖에 없는 경우도 많습니다. 국회의원 중 이기, 균형, 이타 성향을 가진 의원의 비율이 각각 80%, 10%, 10%이고 강자, 중간층, 약자를 대변하는 비율도 80%, 10%, 10%를 차지한다고 할 때 나중도 님의 방식에 따라 구성비를 계산해 보면 [표 23]과 같습니다.

[표 23] 국회의원 집단의 구성 비율 (%)

태도 \ 진영	진보		보수		합계
공존	A	5	B	22.5	27.5
이기	C	8.5	D	64	72.5
합계		13.5		86.5	100

이 표에서 보듯이 국회의원 다수가 자신이 이기 성향의 강자이거나 아니면 그런 계층을 대변할 경우에는 D의 비율이 64%나 됩니다. 극단적인 예라고 생각하는 분도 계실지 모르지만 적어도 그럴 가능성이 없지 않다는 증거는 되겠지요. 민주 사회에서도 강자에게 유리한 특권이 흔히 존재하는 이유는 바로 여기에 있습니다.

나중도

국민의 대표가 일반 국민에 비해 공공정신과 도덕성이 높고 능력이 우수하지는 못할망정, 국회의원 다수가 이기 성향을 가지고 강자를 대변하게 된다면 그건 민주주의 제도의 심각한 결함이네요. 경제정의실천연합의 집계에 따르면, 2020년 4.15 총선에서 당선된 국회의원의 신고 자산이 평균 21억 8천만 원으로 국민 평균 자산 4억 3천만 원의 5배가 넘습니다. 부동산 재산은 총 1,183건(가액 4,057억 원)으로 국회의원 1인당 평균 4건에 13억 5천만 원이며, 10명 중 3명꼴로 다주택자입니다. 국회의원들이 자신이 속한 부유한 계층에 유리한 정책으로 기울지 않을까 염려됩니다.

신자유

강자가 지배하는 정치를 막으려면 국민의 선택이 고스란히 국회의원 의석수에 반영되는 선거제도가 필요합니다. 경제에서 시장의 기능을 중시하는 저는 시장에서 수요가 제대로 반영되어야 자원 배분이 효율적으로 이루어지듯이 정치에서도 선거라는 '시장'을 통해 국민의 수요가 정책에 제대로 반영되는 것이 바람직하다고 봅니다. 단지, 경제적 시장에서는 모든 돈이 평등한 1원 1표 원칙이 적용된다면 정치적 '시장'에서는 모든 사람이 평등한 1인 1표의 원칙이 적용된다는 점이 다르겠지요. 그래서 선거에서 출마·운동·당선의 기회가 균등하게 보장되어야 합니다. 그런 의미에서 저는 모든 국민에게 정치 '시장' 참여 기회를 균등하게 보장하도록, 예를 들면 돈이 없어도 출마하고 선거운동을 하는 데 지장이 없도록 선거공영제가 철저히 시행되어야 한다고 봅니다. 다만, 재정 낭비를 막기 위해 무분별한 출마를 막는 장치는 있어야 하겠지요.

또 정당 설립의 문턱도 낮추어 정치 수요의 다양성에 걸맞게 정치 생태계를 다양화해야 합니다. 현행 정당법에 의하면 정당은 수도에 소재하는 중앙당이 등록해야 성립하고(제3조, 4조), 5개 이상의 광역시·도에 시·도당을 가져야 하며(제17조), 각 시·도당은 그 지역에 사는 1천 명 이상의 당원을 가져야 한다(제18조)고 되어 있습니다. 즉, 전국 조직을 가지고 당원이 최소한 5천 명을 넘어야 하며 중앙당은 반드시 서울에 소재해야 한다는 것입니다. 이런 진입장벽은 강자에게 유리하므로 정당 설립을 쉽게 만들어야 합니다.

고복지

좋은 지적입니다. 저는 정치에 관심을 가질 기회의 균등도 중시합니다. 사회적 약자는 먹고사는 문제에서 벗어나 여유를 가져야 비로소 정치에 관심을 둘 수 있으므로 〔토론 8〕에서 살펴보았던 수준의 복지제도는 마련되어야 합니다.

또 신자유 님의 말씀처럼 정치 수요가 왜곡되지 않으려면 당선자 결정 방식[135쪽 해설 5 참조]도 중요합니다. 선거구별로 최다득표자만 당선되는 소선구제는 강자의 지배를 강화하는 부작용을 낳습니다. 미국, 영국 등 소선구제를 채택하는 나라는 양대 정당이 정치를 좌우합니다. 비례대표제를 약간 가미했지만 소선구제 비중이 큰 한국도 마찬가지입니다.

양대 정당 체제에서 집단 A, B, C, D를 지지 기반으로 삼는 각 정파는 어떻게 연합하게 될까요? 바람직하기로는 집단 A + B의 연합입니다. 그러나 평등을 지향하는 A와 자유를 지향하는 B는 철학과 정책 기조가 달라 서로 연합하기 어렵다고들 생각합니다.

한편, 강자인 D는 숫자는 얼마 안 되더라도 선거에 필요한 자원을 풍부하게 보유하고 있기 때문에 다른 집단이 연합하고 싶어 합니다. 그러나 D는 평등을 지향하는 A보다는 자유를 강조하는 B와 연합하는 것이 기득권 유지에 도움이 된다고 판단합니다. 그 결과 B + D 연합과 그 나머지인 A + C 연합이 현실의 정치 생태계를 양분하게 됩니다. 이런 상황이라면 강자의 특권이 뿌리를 내리는 게 이상하지 않겠지요.

말이 나온 김에 양대 정당의 폐해를 더 짚어 보겠습니다. 양대 정당이 정치를 점령하다시피 하면 정치가 국민을 제대로 대표하지 못한다는 폐해 이외에도 심각한 부작용이 있습니다. 상대 정당은 언젠가 연합할 수도 있는 정치 파트너가 아니라 반드시 꺾어야 하는 정적으로 인식합니다. 그러므로 서로 이해하고 타협하기보다는 싸움질을 하게 됩니다. 이러다 보면 국민까지 오염되어 편이 갈라집니다. 명절의 가족 모임에서도 이 때문에 서로 서먹하게 되는 경우까지 생깁니다.

또 집권당이 국회의 과반수 의석을 차지하는 경우에는 견제와 균형이라는 권력분립의 취지가 퇴색합니다. 국회가 행정부 견제라는 본래 사명을 저버리고 대통령의 시녀 노릇을 하게 됩니다. 반대로 적대적인 야당이 국회를 장악할 경우에는 사사건건 반대하는 바람에 식물 대통령이 되고 맙니다.

이뿐만이 아닙니다. 선거에서 표를 많이 얻기 위해서는 어차피 자기 당을 선택할 집토끼보다는 마음을 정하지 못하는 중간층인 산토끼를 유인하는 것이 유리합니다. 그래서 양대 정당의 공약이

중도 쪽으로 이동하게 됩니다. 그 결과 다양한 국민의 요구가 정치 과정을 통해 국정에 반영되지 못합니다.

이상향

민주 사회에서도 강자에게 유리한 특권적 제도와 관행이 많은 것은 국민의 구성과 국민 대표의 구성이 현격하게 다르기 때문이므로 강자에게 유리한 선거제도를 바꾸어야 한다는 말씀, 그리고 이를 위해서는 철저한 선거공영제와 복지가 필요할 뿐 아니라 강자에게 유리한 소선거구제도 고쳐야 한다는 좋은 말씀을 들었습니다. 구체적인 대책에 대해서는 다음 토론에서 이어 가겠습니다. 감사합니다.

토론
10

정치 개혁과 공직 개혁

이상향

앞의 〔토론 9〕에서 민주정치를 표방하는 사회에서도 다수 주민이 원하지 않는 이기형 제도가 존재하는 이유와 원론적인 대책에 대해 토론하였습니다. 이번에는 구체적인 대책을 같이 생각해 보려고 합니다. 정치 전문가이신 고복지 님께서 좋은 의견을 가지고 계시다고 들었는데, 부탁드립니다.

고복지

네. 〔토론 9〕에서 소선거구 제도는 국민과 괴리된 대표를 당선시킨다는 문제를 살펴보았습니다. 소선구제의 대안으로 한 선거구에 여러 명이 당선되는 중·대선거구제와 정당 득표 비율을 당선자 수에 반영하는 비례대표제가 흔히 제시됩니다. 중·대선거구제는 당선자 수를 제외하고는 소선구제와 비슷하므로 도입하기 쉽기는 하지만, 당선자 사이에 지지율 격차가 클 수 있고 낙선자의 표는 역시 사표가 된다는 문제가 해결되지 않습니다. 비례대표제는 이런 문제를 해결할 수 있습니다. 그러나 비례대표제에서 국민은 정당에 투표할 뿐 정당별 후보와 그 순위를 정당에서 전적으로 정한다면 대표성이 낮아질 수 있고 선거에 대한 국민의 관심도가 줄어들 수도 있습니다. 그래서 저는 독일처럼 지역구 선거제와 비례대표제를 결합시키는 방법[135쪽 해설 6 참조]을 지지합니다.

한국에서도 비례대표제가 있지만 국회의원 총의석 300석 중 불과 47석만을 정당 득표율에 따라 배정하는 병립형 비례대표제를 채택하였습니다. 그러다가 국회의원 선거법이 2019년 말에 개정되어 2020년 4.15 총선부터 비례성이 다소나마 반영되었습니다. 47석 중 30석에만 '연동형 캡'을 적용하며 연동률도 50%만 적용하는 '준연동형'입니다. '캡'은 '상한선'을 말하며, 30석에만 연동률 상한선을 적용해 지역구 결과에 연동시킨다는 뜻입니다. 정당 득표율에 비례해서 의석 총수를 배정하는 순수한 연동형 비례대표제에 한참 못 미칩니다. 그런데 양대 정당이 득표율보다 더 많은 의석을 배정받을 욕심으로 소위 '위성정당'을 만들어 선거를 치르는 바람에 선거법 개정 취지가 아예 퇴색하고 말았습니다.

민주주의 선진국에서는 연동형 비례대표제를 채택하는 나라가 많습니다. 민주주의 선진 20개국 중 14개국이 이런 제도를 채택하고 있습니다. 영국, 미국처럼 민주주의 역사가 오래된 나라에서도 단순 다수제인 소선구제를 유지하고 있기는 하지만 대표성 문제가 적지 않습니다.

한편 우리 정치 현실을 감안할 때 정당의 비례대표 공천이 제대로 이루어지지 않을 것이라는 우려도 있습니다. 과거에 당에 헌금을 많이 한 사람이나 당내 권력과 가까운 사람을 비례대표로 내세운 사례도 있었습니다. 그런데 공천의 투명성과 공정성은 비례대표제 자체의 문제라기보다는 정치 윤리 전반의 문제입니다. 소선구제에서도 공천이 공정하게 이루어지는 것이 아님을 우리는 잘 알고 있습니다. 독일 등 잘 알려진 비례대표제 국가에서는 민주적인 공천 과정을 법으로 명백하게 규정하여 엄격하게 집행하고 있어 이런 문제가 별로 없습니다. 또 덴마크, 스웨덴 등에서 채택하고 있는 '개방 명부 비례대표제'도 대안이 됩니다. 정당에서 비례대표 후보 명부를 작성하여 제시하지만 투표자가 명부에 있는 후보 중에 지지자를 선택해서 투표하는 방식입니다. 유권자가 정당과 비례대표 후보를 모두 고를 수 있습니다.

신자유

비례대표제의 실질적 다당제를 통해 선거에서 제대로 된 선택을 할 수 있으면 좋겠습니다. 저는 B에 속하는 사람으로서 A + C 연합과 B + D 연합의 양대 정당이 정치권력을 분할 점령해 온 지금까지 선거에서는 부득불 B + D 정당을 지지해 왔습니다. 그러면서도 이기적인 D와 같은 편에 선다는 사실이 부끄러웠습니다. 양대 정당이 사라지고 실질적 다당제가 성립되어 A, B, C, D가 따로 정당을 결성하게 되면 저는 떳떳한 마음으로 B 정당을 지지하겠습니다. 그리고 B 정당이 과반수를 차지하지 못하면 A + B 연합정권이 수립되기를 희망합니다. 지금까지는 A와 B가 서로 지향이 달라 정책 연합조차도 어렵다고 인식해 왔습니다.

그러나 〔토론 8〕에서 확인한 것처럼 B의 지향에 충실하기만 해도 A가 추구하는 목표를 달성할 수 있다는 사실이 널리 알려지면 연합이 쉬워질 것입니다.

고복지

신자유 님 말씀을 듣고 보니 저도 뜨끔합니다. 저 자신도 신자유 님과 같은 이유에서 부득불 B+D 연합에 대항하는 A+C 연합을 지지해 오면서 늘 개운하지 못했습니다. 그런데 실질적 다당제가 된다면 당연히 A를 표방하는 정당을 지지할 것입니다. 그리고 A 정당이 과반수를 차지하지 못할 경우에는 신자유 님처럼 A+B 연합정권이 수립되기를 희망합니다.

이상향

신자유 님과 고복지 님 두 분이 양심고백을 하신 셈입니다. 우리의 토론이 아주 생산적이군요. 자화자찬인가요? (일동 웃음)

나중도

균형형 제도만으로도 이타형 제도와 같은 결과를 낼 수 있다는 사실을 알고 비례대표제를 통해 실질적 다당제가 되어 정파 간 연합이 자연스러운 정치풍토가 조성될 경우에는 각 정파에 대한 주민의 지지는 〔토론 9〕에서 인용한 [표 22]와는 다소 달라질 것으로 봅니다. [표 22]에서는 균형적 주민 중 약자는 부득이 이타형 제도를 지지한다고 했지만, 균형형 제도만으로도 약자 보호가 가능하다면 굳이 자신의 성향과 다른 이타형 정파를 지지할 이유가 없습니다. 또 이타적 주민 중 일부는 자신과 성향이 다른 타인을 배려하여 균형형 제도에도 동의한다고 했지만, 결과적으로 균형형 제도와 이타형 제도 간의 차이가 없다면 역시 자신의 성향과 다른 균형형 정파를 지지할 이유가 없습니다. 이런 이유로 각기 자신의 성향에 맞춰 균형적 주민은 균형형 제도를 내세우는 정파를, 이타적 주민은 이타형 제도를 내세우는 정파를 지지할 것입니다. 이를 정리하면 [표 24]와 같습니다.

[표 24] 주민의 성향과 계층 인식에 따른 지지 정파

성향 / 계층	이기 성향	균형 성향	이타 성향
강자	D (이기형)	B (균형형)	A (이타형)
중간층	B (균형형)		
약자	C (이타형)		

세가 추성한 성향별 주민 비율과 계층 구성 비율을 적용하여 정파별 지지율을 추정하면 [표 25]와 같습니다. 하는 김에 고복지 님과 신자유 님의 추정치도 계산하였습니다.

[표 25] 정파별 지지율 (%)

진영 / 태도	진보	보수	합계
공존	A 20 (30/10)	B 50 (46/54)	70 (76/64)
이기	C 20 (16/24)	D 10 (8/12)	30 (24/36)
합계	40 (46/34)	60 (54/66)	100

* 괄호 속은 고복지/신자유 님의 추정 비율

이 표에서 보시듯이 집단 B + D 연합으로도 다수파가 될 수는

있지만 집단 A+C 연합의 강한 반대에 부딪칠 것입니다. 가장 큰 세력인 공존 지향의 보수정파인 B 입장에서는 그보다는 A + B 연합을 통해 정권을 장악하려고 할 것입니다. A + B 연합은 균형형 제도에 바탕을 둔 이타형 제도를 지지하므로 C 정파도 반대할 이유가 없습니다. 그럴 경우 이기적 강자로 구성되는 D 정파 지지자는 10% 전후의 소수파가 됩니다.

고복지

역시 나중도 님은 계산을 잘 하시는군요. 제 몫까지 계산해 주셔서 감사합니다. 이 결과로 볼 때 승자 독식과 기득권 수호를 고집하는 D 정파 지지자를 제외한 나머지 90% 정도의 합의를 통해 조화로운 세상을 만들어갈 수있겠군요.

신자유

제 생각도 고복지 님과 같습니다. 다만, D 정파 지지자가 숫자로는 10% 전후이지만 실제로 행사하는 힘은 그보다 훨씬 클 것이므로, 선거에서 그런 힘이 작용할 수 없도록 하는 장치가 필요하겠군요.

이상향

그럼 두 번째 주제로 넘어갈까요? 공정한 제도가 있어도 이기적인 사회 갈등이 제대로 해결되지 못하는 경우가 많습니다. 즉 '제도'가 아니라 구체적인 '사안'이 쟁점이 될 경우에는 그 사안에 이해관계를 가진 이기적 주민 간의 대립으로 인해 원만한 합의에 이르기 어렵다는 것이지요.

고복지

네, 공정한 제도에 합의한 당사자라고 해도 이해관계와 직결되는 개별 사안이 발생하면 자신들이 합의한 제도는 뒷전이고 사익 추구에 골몰하는 예가 적지 않습니다. 플라톤은, 민주주의는 바보들의 정치이므로 철인이 정치를 담당해야 한다고 했는데 이런 문제를 염려했기 때문이 아닐까요? 존 롤스도 사회계약 당사자들이 자신의 성향이나 소속 계층을 전혀 모른다고 가정했는데, 이 같은 염려 때문일 것입니다.

그렇다면 민주 사회에서 원칙과 제도는 주민 합의에 의해 정하고, 이를 구체적인 사안에 적용하는 업무는 전문성과 중립성을 갖춘 공공기관이 담당하는 게 좋겠습니다. 전문성을 확보하는 것은 각종 시험이나 자격증 등으로 해결할 수 있고 지금도 그런 제도가 많이 있습니다. 중립성을 보장하기 위한 제도도 물론 있습니다. 중립성을 내외적으로 감시하고 있으며 중립 의무를 위반할 때는 징계나 처벌의 대상이 됩니다.

공직자라고 해도 돈과 권력으로부터 중립을 지키기는 매우 어렵다는 걸 우리는 경험을 통해 알고 있습니다. 두 가지 중립이 다 필요하지만 아무래도 정치권력으로부터의 중립이 더욱 중요하지 않을까요? 정치는 모든 것을 압도하는 힘이니까요. 그런데도 현행 제도에는 큰 결함이 있습니다. 공직자와 공공기관의 정치적 중립 의무가 법률에 명시되어 있지만, 정작 그런 공공기관을 이끌어

가는 기관장 등 간부의 인사에는 정치권이 관여하도록 되어 있기 때문입니다. 중요한 공공기관과 언론 관련 기관 인사에 현재 누가 어떻게 관여하는지 정리하면 [표 26]과 같습니다.

[표 26] 중요 중립적 공공기관 인사권자와 절차

기관(직위 수)	구성원	실질적 인사권자	절차
대법원 (13인)	대법원장	대통령	국회 동의
	대법관	대통령	원장 제청, 국회 동의
헌법재판소 (9인)	소장	대통령	국회 동의, 재판관 중에서 임명
	재판관	대통령, 국회, 대법원장 각 3인	
중앙선관위 (9인)	위원	대통령, 국회, 대법원장 각 3인	위원장 호선
국가인권 위원회 (11인)	위원장	대통령	국회 인사청문
	위원	대통령 3인, 국회 4인, 대법원장 3인	
검찰청	검찰총장	대통령	국무회의 심의, 국회 인사청문
고위공직자 범죄수사처	처장	대통령	추천위에서 2인 추천 추천위(7인)=법무장관, 법원행정처장, 대한변협회장, 국회 추천 4인
특별검사		대통령	추천위에서 2인 추천 추천위(7인)=법무차관, 법원행정처차장, 대한변협회장 및 국회 추천 4인
국정원	원장	대통령	국회 인사청문
	차장, 기획실장	대통령	원장 제청
경찰청	경찰청장	대통령	경찰위원회 동의, 행자부장관 제청, 국무총리 경유, 국회 인사청문
감사원 (5~11인)	감사원장	대통령	국회 동의
	감사위원	대통령	원장 제청
방송통신 위원회(5인)	위원장	대통령	국회 인사청문
	위원	대통령 1인 국회 3인(여 1, 야 2)	

기관(직위 수)	구성원	실질적 인사권자	절차
방송통신심의위원회(9인)	위원	대통령, 국회의장, 국회상임위 각 3인	위원장 호선
한국방송공사(이사 11인)	사장	대통령	이사회 제청, 국회 인사청문
	이사	대통령	방송통신위원회 추천 이사장 호선

이 표를 보면, 중립적인 공공기관장의 인사에 대통령과 정치권의 의지가 크게 작용한다는 사실이 확인됩니다. 심지어 헌법에 의해 행정부로부터 독립하도록 되어 있는 대법원과 헌법재판소 인사에서조차 대통령의 영향력은 막강합니다. 대통령이 중립기관장을 임명하는 것은 대통령이 국가원수이기 때문이라고 하지만 그건 임명권이 형식에 불과한 경우에나 타당한 말입니다.

이상향

나중도 님이 잘 정리해 주신 인사 절차를 보니 정치적 중립을 지키기 어렵겠습니다. 그런 중립기관장을 임명하는 과정에서 대통령 등 정치권의 영향력을 배제하려면 어떻게 해야 할까요?

고복지

프랑스와 이탈리아처럼 검찰을 사법부에 소속시키는 것도 한 방법이지만, 검찰 아닌 다른 기관까지 그렇게 할 수는 없는 데다가 사법부는 국민 대표성이 아예 없다는 점도 문제입니다. 제가 평소에 생각해 온 대안을 말씀드릴까요? 비례대표제를 통해 대표성을 높이더라도 의회는 정치적 중립을 지키기 어렵다고 봅니다.

정당은 기본적으로 정치집단이고 나름의 조직이기주의를 벗어날 수 없으며 의원들은 재선을 바라는 직업 정치인이기 때문입니다. 그래서 일반 국민 중에서 무작위 추첨으로 대표를 뽑아 이런 업무를 맡기면 좋을 것으로 봅니다. 구체적으로, 공무담임권을 가진 국민 중 무작위 추첨으로 대표를 선발하여 구성하는 '국민판정단'을 제안합니다. 무작위 추첨의 우연한 편중가능성을 막기 위해서 판정단원의 수는 100명 이상으로 하고 주기적으로 판정단원의 일부를 교체하면 좋겠습니다. 임기가 2년이라면 반년마다 4분의 1씩 교체하면 됩니다.

나중도

아, 그런 방법도 있군요. 무작위 추첨으로 국민판정단을 구성하여 정치적 중립성을 확보하고 국민의 상식을 반영할 수 있다면 중립적 공공기관 인사 외에도 국민판정단을 활용할 분야가 있지 않을까요? 그리고 비례대표제로 국회의 국민 대표성이 높아질 경우에는 국회와 국민판정단 간의 역할 분담도 고려해야 합니다.

고복지

그래서 저는 비례대표제와 추첨대표제의 장점을 결합하는 좀 특별한 양원제를 구상하고 있습니다. 프로와 아마추어의 건강한 결합을 위해, 비례대표 선거로 구성하는 국회와 무작위 추첨으로 구성하는 국민판정단을 같이 두자는 것입니다. 국민판정단이 의회 역할을 하면 선거에 의한 의회는 '선거의회'로, 추첨에 의한 의회는 '추첨의회'라고 불러도 좋겠지요. 보통의 안건은 직업 정치인으로 구성되는 선거의회에서 처리하되 국민의 상식을 반영해야 하는 중요 안건, 정당 간 의견이 심히 엇갈리는 안건, 국회 또는 국회의원의 이해관계가 걸린 안건은 추첨의회에서 다루면 좋겠습니다.

신자유

"국회 또는 국회의원의 이해관계가 걸린 안건"을 추첨의회에 맡기자는 말씀이 귀에 쏙 들어옵니다. 지금처럼 국회 예산, 국회의원 선거구 획정, 의원 보수 등을 국회 스스로 결정하는 건은 난센스입니다.

이상향

그러나 국민판정단에도 의문 내지 비판이 있겠지요?

고복지

네, 의문이나 비판은 대체로 두 가지 이유에서 나옵니다. 하나는 생소한 제도이기 때문이고, 다른 하나는 기득권을 버리고 싶지 않기 때문입니다. 사실 추첨 민주주의(sortition democracy)는 고대 아테네에서 사용했던 방식이고 현대에도 정책 결정에 국민의 상식적인 판단을 반영하기 위해 이런 방식을 채택하는 예가 적지 않습니다. 더 자세한 설명은 다른 책(Callenbach and Phillips, 1985)으로 대신합니다. 그러나 오늘날 의회를 이렇게 구성하는 사례는 없기 때문에 생소하게 느끼는 분이 많을 것입니다.

추첨 민주주의에 대한 의문 내지 반론으로는 흔히 3무론(三無論)이 제기됩니다. 추첨으로 뽑힌 의원은 국가나 공동체에 대한 관심도 없고, 공무를 돌볼 시간도 없고, 전문성도 없다는 것입니다. 이는 배심원 또는 참심원을 두는 국민 참여형 재판 제도에 대한 반론과 닮은꼴입니다. 그러나 다른 나라에서 국민 참여형 재판이 잘 운영되는 걸 보면 추첨제 역시 잘 정착될 수 있을 것입니다. 제도가 일단 도입되면 초등학교 때부터 교육을 할 테니까 무관심은 별 문제가 안 될 것입니다. 그리고 공무를 돌볼 시간이 없다는 문제는 적절한 보상 제도를 마련한다면 역시 해결될 것으로 생각합니다.

전문성이 부족하다는 비판은 초점이 맞지 않는다고 봅니다. 국민판정단의 취지가 직업 정치인 대신 국민의 상식을 반영하자는 것이기 때문입니다. 해학의 달인 조지 버나드 쇼의 말이 생각납니다. 그는 "모든 전문직은 일반인을 기만하기 위한 음모다."(Every profession is a conspiracy against the laity.)라고 했습니다. 물론 그렇게까지 냉소적으로 표현할 필요는 없다고 하더라도 소위 '전문직의 오류'(professional fallacy), 즉 전문성에 빠져서 몰상식한 결과를 내는 경우를 많이 보지 않습니까? 국민판정단원 업무에 필요한 일반 지식은 국민판정단원으로 선정된 후 교육을 거치도록 하고 특정 안건에 대한 전문적인 지식이나 분석이 필요한 경우에는 의회처럼 산하에 조사연구기관을 두면 됩니다. 직업 정치인과 일반 국민, 그리고 전문가의 건강한 조합은 우리가 궁극적으로 지향해야 할 목표라고 봅니다.

생소한 제도에 국민이 적응하기 위해 단계적 도입이 필요하다면 초기에는 자원자 중에서 추첨을 하는 방법부터 시작해도 좋을 것입니다.

나중도

저도 국민판정단은 민주주의 정신에 충실한 좋은 아이디어이고, 3무론은 별로 문제가 되지 않는다고 봅니다. 고복지 님의 양원제도 상당히 일리가 있습니다. 그런데 국민판정단과 같은 대의 민주주의 방식 외에 직접 민주주의를 확대하는 것도 필요하지 않을까요?

고복지

네, 그렇습니다. 대의 민주주의는 모든 주민이 다 같이 참여하기 어려운 물리적·경제적 제약 때문에 부득이하게 채택하는 방식일 뿐, 할 수만 있다면 주민이 직접 제안도 하고 결정도 하는 직접 민주주의의 폭을 넓혀야 할 것입니다. 요즘은 인터넷의 발달로 제약도 상당히 줄어들었습니다. 한국에서도 지방자치 제도에서는 주민이 직접 참여할 수 있는 여러 방식[136쪽 해설 7 참조]이 도입되어 있습니다.

이상향

국민을 제대로 대변하기 위한 정치 개혁과 공직 개혁에 대해 참신한 아이디어를 내 주셨습니다. 좋은 말씀 감사합니다.

토론 11

깨어 있는 시민, 행동하는 시민

이상향

앞에서 우리는 합리적 공존을 추구하는 A + B 연합이 가능하며, 이를 위해서는 정치 개혁이 필요하다고 했습니다. 정치를 포함한 사회 전반의 개혁을 '실현'하려면 어떻게 해야 할까요?

나중도

지금까지 우리가 다룬 토론 주제 중 가장 어려운 주제를 제시하시는군요.

우리는 이론상으로 A와 B가 화학적 결합을 이룰 수 있다는 사실을 토론을 통해 알게 되었습니다. B가 원하는 차가운 공존만 달성해도 A가 추구하는 따듯한 공존을 구현할 수 있다는 것입니다. 그러나 사회를 바꾸려면 이론 외에 운동, 정치가 필요합니다. 개혁의 근거로 흠 없는 이론을 제시하고 운동을 통해 대중의 공감대를 넓혀가면서 정치로 개혁을 실천한다는 것입니다. 그런데 다수의 지지를 얻는 제도라고 해도 왜곡된 대의제도를 개혁하지 않는 한 정치를 통해 실현되기 어렵습니다. 그런데 대의제도를 개혁하려면 또 다시 이론 – 운동 – 정치 3박자가 맞아야 합니다. 그래서 가장 어려운 토론 주제라고 말씀드리는 것입니다.

고복지

많은 국민이 평소에 좋은 세상을 만드는 일에 관심을 가지면서 필요할 땐 나서 준다면 좋겠지만 현실에서는 기대하기 어렵습니다. 정권의 횡포에 맞서 흐름을 반전시킨 1960년 4월 혁명이나 1987년 6월 항쟁과 같은 사례는 매우 예외적입니다.

다수 국민이 사회문제에 무관심한 이유를 저는 두 가지로 봅니다. 하나는 먹고사는 기본 생활을 해결하기 바빠서 다른 문제를 생각할 여유가 없기 때문입니다. 그러므로 공동체의 문제에 관심을 가지는 시민이 되려면 우선 사회 안전망이 갖추어져 있어야 합니다. 제가 복지 증진을 위해 노력하는 까닭이기도 합니다.

또 하나의 이유는 개인의 인간적 발달이 충분히 이루어지지 않았기 때문입니다. 부모에게만 의존하는 영아기를 지나 유아기가 되면 사회관계가 넓어집니다. 청년기에 들어 점차로 자아정체감이 확립되는 과정에서 다른 사람과 입장을 바꾸어 생각하는 객관적 능력이 발달하고 나아가서는 자신의 일을 넘어 사회 전체의 행복에 대해서도 관심을 갖게 됩니다. 우리 토론에서 사용한 용어로 표현하자면 이기 성향에서 균형 성향을 거쳐 이타 성향으로 발달해 간다는 것입니다. 그러나 사람의 자질과 생장 환경에 따라서는 충분한 정도로 발달하지 못하는 경우도 적지 않습니다. 생장 환경에는 방금 말씀드린 기본 생활도 당연히 포함됩니다. 그래서 복지는 개인의 삶에도 보탬이 되지만 사회를 개혁하는 데도 좋은 작용을 합니다. 어쩌다 보니 제 주특기인 복지를 계속 강조하고 말았습니다. (일동 웃음)

신자유

자기 생활이 불안하면 사회문제에 건강한 관심을 가질 수 없는 것은 당연합니다. 고복지 님 너무 자격지심을 갖지 마세요.

시장과 복지가 화학적으로 결합할 수 있다는 사실이 널리 알려지면 A + B 연합을 통해 복지에 대한 지지도가 높아질 것으로 기대합니다. 그러나 사회문제에 관심을 갖는 사람이 많아지더라도 개혁을 위해 나서는 사람은 기대만큼 많지 않습니다. 그 이유를 경제학에서는 고복지 님과 다른 관점에서 이렇게 설명합니다. 개인이 개혁을 위해 나서려면 당연히 자신의 시간이나 돈을 사용해야 합니다. 기득권자가 싫어하는 개혁을 추진할 경우에는 박해, 처벌 등 적극적 손실까지 예상합니다. 반면 문제를 해결했을 때의 혜택은 자신만이 아니라 사회 전체에 돌아갑니다. 이처럼 개인의 입장에서 보면 지출해야 하는 비용은 크고 돌아오는 편익은 작은 것이 보통입니다. 따라서 웬만큼 공공심을 갖춘 사람이 아니면 사회문제를 해결하려고 나서지 않게 됩니다. 이것은 잘 알려진 '공유지의 비극'(tragedy of the commons)[136쪽 해설 8 참조]의 일종입니다.

나중도

네, 공감합니다. 공유지의 비극과 같은 현상은 우리 주위에 많지요. 신자유 님 말씀처럼 나서 봤자 손실은 크고 혜택이 적은 현실에서 보통사람의 공공심과 개혁의지는 위축될 것입니다. 저도 가슴 아픈 예를 하나 들어 보겠습니다.

광복 70주년을 맞아 독립유공자와 그 후손을 대상으로 조사한 결과가 보도된 적이 있습니다(『한국일보』 2015년 8월 12일자). 기사 일부를 인용합니다. "광복 70주년을 맞아 최초로 독립운동가와 후손들 모임인 광복회 회원 6,831명 전원을 대상으로 한국리서치와 함께 생활실태 설문조사를 했다. 조사에는 생존 독립유공자 26명을 비롯해 배우자 32명, 자녀(2대) 469명, 손자녀(3대) 509명, 증손자녀(4대) 53명 등 모두 1,115명이 참여했다. 조사 결과 평생을 경제적 어려움에 처해 있는 이들이 대다수였다. '독립운동을 하면 3대가 망한다'는 우리 사회의 부끄러운 치부가 실제로 확인된 것이다." 즉 일세강점기에 조국 독립이라는 대의를 위해 나선 독립유공자는 본인은 물론이고 후손까지 손실을 입었다는 것입니다.

독립유공자 본인은 인생의 보람을 위해 희생을 감수할 수도 있습니다. 성숙한 사람일수록 자신보다는 공동체, 물질적·육체적 욕구보다는 정신적 가치의 충족을 더 추구하는 경향이 있기 때문입니다. 그러나 누구도 자신의 보람을 위해 후손에게까지 손해를 감수하라고 하기는 어렵겠지요. 반면 친일 인사는 자신은 물론 후손까지 사회의 상류층으로 군림해 왔습니다. 이런 결과를 예견한다면 보통사람이 좋은 사회를 위해 나서기는 쉽지 않을 것입니다.

신자유

지금 우리 주변에도 이런 예는 많습니다. 나중도 님이 말씀하신 이론 – 운동 – 정치 3박자 중 운동도 매우 중요한데 공익 목적의 시민단체에 상근하는 활동가의 보수가 너무 낮아 좋은 뜻을 가진 사람도 시민활동가로 선뜻 나서기 어렵습니다.

나중도

그렇습니다. 어려서부터 기득권층의 높은 벽을 뼈아프게 체험해 본 대부분의 사람은 개혁을 포기하고 기존 질서와 타협하거나 스스로 특권층이 되는 길을 선택하게 됩니다. 심지어 자신을 합리화하기 위해 타협과 특권 추구를 미화하기도 합니다. 공익을 위해 나서는 사람에게 냉소를 보내기도 하고 심지어 이런저런 이유를 대면서 그들을 비난하기까지 합니다. 종교가 강자 중심의 질서에 면죄부를 주는 경우도 많고 학문이 기존 질서를 그럴 듯하게 합리화하는 경우도 많습니다. 이처럼 종교와 학문이 양심의 가책에 대한 진통제로 악용될 수도 있습니다. 걱정이 아닐 수 없습니다.

이상향

그럼 어떻게 해야 할까요? 모든 개혁은 결국 사람이 이루어 내는 것이고 따라서 깨어 있는 시민, 행동하는 시민이 필요할 텐데, 이를 위해 고복지 님은 일단 복지의 중요성을 말씀하셨고…….

고복지

네, 어떤 경우에도 기본생활이 위협받지 않는다는 확신이 없으면 내 일 이외의 사회문제에 건강한 관심을 가지기 어렵습니다. 맹자도 무항산 무항심(無恒産 無恒心), 즉 어느 정도의 물질적 안정이 없으면 평정한 마음을 가질 수 없다고 했습니다. 다른 말로 하면 민주 사회의 기초는 복지라는 것이지요. 제가 또 복지의 중요성을 강조하고 말았습니다. (일동 웃음)

복지 외에 또 한 가지 강조하고 싶은 것은 교육입니다. 앞에서 심리 발달에 대한 말씀을 드렸는데, 성장기에 좋은 교육이 작용하면 발달을 촉진할 수 있습니다. 교육을 통해 인간의 본성 자체를 개선할 수 있을지는 잘 모르겠지만, 본성 중 어떤 측면이 실제 행동으로 드러나는가는 교육이 충분히 영향을 줄 수 있다고 봅니다. 이때 교육이란 단순한 지식의 전달이나 특정 이념의 주입이 아니라 스스로 생각하고 판단하는 능력을 기르는 것을 말합니다.

신자유

복지와 교육이 중요하다는 데 동의하면서 저는 경제학자로서 보상체계도 중요하다는 말씀을 드리고 싶습니다. 위의 신문 기사에도 나오듯이 독립유공자와 그 자손에게 연금을 지급하는 제도가 있는데 이것도 보상체계의 예입니다. 반대로 반사회적인 행동으로 이익을 본 사람과 그 자손이 조상 덕으로 누리는 혜택은 사회에서 환수하는 조치도 필요할 것입니다. 그러나 현실의 보상과 환수는 그 희생과 혜택에 비해 충분하지 못한 경우가 많아 안타깝습니다.

나중도

저는 사회 분위기도 중요하다고 봅니다. 논어에 덕불고 필유린(德不孤 必有隣)—덕망이 있는 사람은 외롭지 않으며 반드시 이웃이 있게 마련—이라는 구절이 나옵니다. 공자처럼 나 혼자만 공익을 위해 나서는 게 아니라 가까이 있는 다른 사람도 그렇게 할 것이라는 믿음이 있으면 더 많은 사람이 동참할 수 있게 됩니다. 상류층 자제일수록 병역 면제 내지 기피가 많은 한국 사회에서는 먼 이야기 같지만 그렇다고 희망이 없는 것은 아닙니다. 우리는 이기적 주민이 많은데도 이기형 제도를 지지하는 사람은 소수이고 균형형 또는 이타형 제도를 지지하는 사람이 다수라는 사실을 이미 확인하였습니다. 일단 좋은 제도가 확립되어 다른 사람들이 그 제도에 맞추어 행동할 것으로 예상되면 자신도 제도에 순응하게 되고 그것이 다시 다른 사람에게 영향을 주는 선순환이 일어날 수 있습니다. 이런 과정을 거쳐 사회의 품격은 점점 높아집니다.

실제 인류 역사를 보더라도 장기적으로 특권이 줄고 더 평등한 사회로 이행해 왔습니다. 절대왕조가 국민에 의한 정부로 대치되었고, 노예제도가 철폐되었고, 보통선거가 도입되었고, 여성의 지위가 향상되었습니다. 불과 2, 3백 년 전만 해도 감히 상상할 수 없었던 변화입니다.

이상향

오늘은 세 분이 모두 정열적으로 말씀해 주셨네요. 기대에 못 미치는 사회 현실을 안타깝게 여기는 마음의 표현이라고 생각합니다. 좋은 토론 감사합니다.

토론
12

뜻을 버리지 않는 한 개혁은 가능하다

이상향

사회제도를 개혁하려면 이론 – 운동 – 정치의 3박자가 맞아야 하며, 양대 정당에 유리한 소선거구제를 국민 여론을 잘 반영하는 비례대표제로 바꾸는 것이 정치 개혁의 우선 과제라고 했습니다. 그런데 개혁 대상인 양대 정당이 정치 개혁의 칼자루를 쥐고 있는 현재 상황에서는 개혁을 기대할 수 없다고 체념하는 분이 많습니다. '정치권이 자신에게 수술칼을 댈 것 같으냐?'고 고개를 가로젓습니다. 개혁의 가능성이 있을까요?

고복지

체념하기에는 아직 이릅니다. 기득권층이 원하지 않는데도 개혁이 이루어진 사례는 적지 않습니다. 인류 역사는 기득권층에 유리한 이기형 제도에서 인간의 평등을 전제로 하는 균형형 제도로 꾸준히 이행해 왔으므로 역사 그 자체가 좋은 사례입니다. 변화의 속도가 아주 느렸을 뿐 아니라 그 과정에서 극심한 갈등과 유혈사태가 있었던 것도 사실입니다. 하지만 양대 정당 체제의 이익을 누리던 기존 정치권이 자신들의 이익에 반하는 비례대표제를 스스로 도입한 흥미로운 사례가 있어 같이 토론하고 싶습니다.

나중도, 신자유

그것 참 궁금하군요.

고복지

뉴질랜드는 오랫동안 소선구제를 유지해 오면서 양대 정당인 국민당과 노동당이 권력을 나눠 먹고 있었습니다. '나눠 먹는다'는 표현이 과한지는 모르겠습니다만 기득권층의 행태는 이렇게 표현해도 지나치지 않을 것으로 봅니다. 그런데도 양대 정당에 불리한 비례대표제가 두 정당의 기묘한 역학관계 속에서 1993년에 도입되었습니다. 어떻게 이런 일이 가능했을까요?

1978년과 1981년 두 차례 선거가 변화의 계기였습니다. 두 차례 모두 국민당이 다수 의석을 차지하여 집권했는데 득표율은 노동당보다 낮았습니다. 그렇게 되니 노동당은 집권 국민당을 '인공적 다수'(manufactured majority)라고 부르면서 원통해하다가 드디어 1984년 차기 선거에서 승리하자 선거제도 개혁특위를 출범시켰습니다.

특위에는 정치적으로 중립적인 인사가 많이 참여하였고 위원들은 신중한 연구 끝에 독일식 비례대표제를 제안하였습니다. 독일은 연방하원 정원 656명 가운데 반은 지역구 최다득표자로, 나머지 받은 정당이 각 주별로 제시하는 명부에 의한 비례대표제로 선출합니다. 지역구 당선자의 비율이 정당 득표율을 넘는 경우에는 그 의석을 그대로 인정하기 때문에 선거 결과에 따라 의원 정수가 약간 달라지기도 합니다. 이 제도는 한국에서도 양대 정당제, 소선거구제 및 지역주의 선거의 폐해를 개탄하는 사람들이 유력한 개혁 대안으로 생각하고 있습니다.

노동당은 자신들이 특위를 구성해 놓고는 정작 특위가 권하는 개혁안에는 반대했습니다. 비례대표제를 도입하면 양대 정당이 나눠 먹는 복점 구도가 깨질 것을 염려했기 때문입니다. 하지만 1987년 선거 국면에서, 공약을 이행하지 않는다는 비난에 직면한 노동당은, 재집권하면 이 문제에 대한 국민투표를 실시하겠다고 약속했습니다. 노동당이 선거에서 다시 승리했지만 이런저런 핑계로 약속을 뭉개고 말았습니다. 기득권을 내놓기가 그렇게 싫었던 것이지요.

그러자 1990년 선거에서는 국민당이 이런 노동당의 약점을 공략하기 위해 국민투표를 공약했고 선거에서 승리했습니다. 국민당도 내키지는 않았겠지만 사태가 이렇게 되니 마지못해 1992년에 국민투표를 실시하였고, 양대 정당은 모두 개혁에 반대하는 캠페인을 벌였습니다. 그러나 국민투표 결과는 기득권 정당의 패배였습니다. 84.5%가 선거제도 개혁이 필요하다고 했고 64.9%가 독일식 비례대표제를 지지하였습니다. 의회는 이 결과에 따라 1993년 의회에서 선거법을 개정하였고, 다시 국민투표를 실시한 결과 독일식 비례대표제가 53.9% 찬성으로 채택되었습니다. 참

고로, 국민투표를 두 번씩이나 실시한 것은, 첫 국민투표는 그 자체로 확정적 효력을 가지는 것이 아니라 향후 추진 방향만 정하는 소위 '탐색적 국민투표'(indicative referendum)였기 때문입니다. 국민투표를 두 번씩이나 한 것은 좋게 말하면 신중하게 결정하자는 것이고 나쁘게 말하면 어떻게든 비례대표제를 피하려는 꼼수입니다.

나중도

이런 묘한 사례에서 저는 다음의 교훈을 얻게 되었습니다. 첫째, 기득권층과 정치권이 원하지 않는 개혁도 이루어질 수 있다는 점입니다. 둘째, 당리당략에서 벗어난 중립적 인사가 의제 설정 과정에 많이 참여해야 한다는 점입니다. 셋째, 무조건 편을 가르는 '묻지 마' 투표에서 벗어나서 이성적으로 판단하는 국민이 필요하다는 점입니다.

신자유

네, 동감입니다. 뉴질랜드 사례와 같은 기회가 흔한 것은 아니겠지요. 그럼에도 불구하고 이 사례는 멀게만 보이던 개혁도 예기치 않게 눈앞에 다가올 수 있음을 보여 준다는 점에서 희망적입니다. 우리가 더 나은 세상을 바란다면 이론을 다지고 공감대 확산에 노력하면서 깨어 있어야 합니다. 그래야만, 기회가 왔을 때 놓치지 않을 수 있습니다. 설령 개혁에 성공하지 못한다고 해도 노력 그 자체만으로 아름다운 일이 아닐까요?

고복지

공감해 주셔서 감사합니다. 부당한 세상 때문에 우리가 얼마나 본래의 모습을 잃고 힘들게 사는지를 가슴 저리게 보여주는 황규관 시인의 「심장의 빛깔」을 소개합니다.

(전략)
병든 심장들이 주위에 지천이다
나는 그들과 악수를 하고 함께 밥을 먹고
술잔을 기울이고 한탄도 한다
상해버린 심장을 서로 맞대어본다
겨뤄보기 위해서가 아니라 슬픔을
조금이나 덜어보기 위한 몸부림이지만
발긓던 심장을 망쳐놓은 원인이
무엇이라는 것도 모르지 않지만
우선 제 심장에 남은 마지막 안간힘을
한 번 더 확인해보는 것이다

누구나 행복하게 살아야 하는데도 수많은 사람이 "발긓던" 심장이 상한 채 허덕이며 살고 있습니다. 뉴질랜드와 같은 전환이 일어나서 심장이 상한 사람들의 의사가 국정에 잘 반영되어 술잔을 기울이며 한탄할 필요가 없어지기를 기대합니다.

신자유

깊은 인간애를 가진 고복지 님은 시에도 정통하시군요.

고복지

아니, 그렇지 않습니다. 어쩌다 알게 된 시입니다.

신자유

너무 겸손하신 듯……. (일동 웃음)

저는 정말로 시에 문외한인데 얼마 전 우연히 보게 된 로렌스(D. H. Lawrence)의 시 「건전한 혁명」(A Sane Revolution)이 우리 생각과 통하는 점이 있다고 느껴 소개합니다.

(전략)
Labour is the one thing a man has had too much of.
Let's abolish labour, let's have done with labouring!
Work can be fun, and men can enjoy it; then it's not labour.
Let's have it so! Let's make a revolution for fun!

서투르나마 제가 번역을 해 보자면 이렇습니다.

노동은 인간이 너무 많이 해왔다.
노동을 없애자. 힘든 노동은 이제 끝내자.
일은 재미있게 즐겁게 할 수 있고 그런 일은 노동이 아니다.
그렇게 하자. 재미를 위해 혁명을 하자!

로렌스는 "revolution for fun"을 재미로 하는 혁명이라는 뜻 외에 재미를 얻기 위한 혁명이라는 이중적인 의미로 사용한 것 같습니다. 기성 질서를 바꾸는 혁명을 하려면 심한 박해를 각오해야 한다는 사실을 로렌스가 모를 리가 없습니다. 그런데도 이런 표현을 사용한 이유는 무엇일까요? 비장하기만 한 혁명은 자칫 인간의 행복과 동떨어진 결과를 낳을 수 있다는 사실을 경계하고, 혁명의 목표를 재미나게 사는 세상을 만드는 데 두기를 바랐기 때문이 아닐까요? 우리는 토론을 통해, 특권이익을 복지 재원으로 삼으면 힘들게 '노동'하지 않더라도 누구나 자기 돈으로 자기 삶을 꾸려 갈 수 있다는 것을 알게 되었습니다. 그러면 누구나 로렌스가 바라는 대로 재미있게 즐겁게 '일'하며 살 수 있게 됩니다.

나중도

두 분뿐 아니라 많은 국민이 변화를 희망하지만 고립된 개인은 '내가 나선들 무엇을 바꿀 수 있을까?'와 같은 무력감에 빠져 아예 노력도 안 하는 경우가 많습니다. 저야말로 시와 인연이 없는 사람이지만 널리 알려진 시 한 편을 소개합니다. 조동화 시인의 「나 하나 꽃 피어」입니다.

나 하나 꽃 피어
풀밭이 달라지겠느냐고
말하지 말아라
네가 꽃 피고 나도 꽃 피면
결국 풀밭이 온통
꽃밭이 되는 것 아니겠느냐

나 하나 물들어
산이 달라지겠느냐고도
말하지 말아라
내가 물들고 너도 물들면
결국 온 산이 활활
타오르는 것 아니겠느냐

황규관 시인의 시처럼 상해 버린 심장을 맞대고 슬픔을 조금이나마 덜면서 포기하지 않도록 서로 격려하는 가운데, 조동화 시인의 표현처럼 너도 꽃 피고 나도 꽃 피어 결국 풀밭이 온통 꽃밭이 되도록 해야 하겠습니다. 그러면 로렌스가 말하듯이 일이 재미가 되는 세상이 가능해질 것입니다.

이상향

저는 아는 시가 없어서……. 헨리 조지의 『진보와 빈곤』에 나오는 명언을 전하는 것으로 대신하겠습니다. "우리는 다른 사람도 같은 별을 본다는 사실을 알 때 더 확신을 가지고 그 별을 보게 된다."(George, 1879, 김윤상 옮김, 2016: 555) 혼자서 어렴풋이 진리라고 여기던 생각을 다른 사람을 통해서 확인한 우리의 기쁜 마음을 담아 보았습니다.

고복지

헨리 조지의 그 문구도 시적입니다.

이상향

이것으로 이상사회에 대한 긴 토론을 일단 마무리하겠습니다. 오랜 세월 좋은 세상을 추구해 오신 세 분과의 대화를 통해 배우고 느낀 점이 참 많았습니다. 앞으로도 우리가 이상사회로 좀 더 다가가는 데 힘을 합칠 수 있기를 기대합니다. 여러 가지 유익한 말씀을 해 주신 세 분께 깊이 감사드립니다.

고복지, 나중도, 신자유

네, 토론을 잘 이끌어 주신 이상향 님께도 감사드립니다. 다음에도 의미 있는 대화를 나눌 기회가 있기를 바랍니다.

인용 문헌

김윤상 (2017)『이상사회를 찾아서: 좌도·우기의 길』, 경북대학교출판부.

김윤상 (2013)『특권 없는 세상』, 경북대학교출판부.

김윤상 (2009)『지공주의: 새로운 토지 패러다임』, 경북대학교출판부.

김윤상 (2006)『알기 쉬운 토지공개념: 지공주의 해설』, 개정판, 경북대학교출판부.

이정전 (2008)『경제학에서 본 정치와 정부』, 박영사.

Callenbach, Earnest and Michael Phillips (1985) *A Citizen Legislature*, Bookpeople. 손우정 외 옮김 (2011)『추첨민주주의』, 이매진.

Friedman, Milton (1978) "An Interview with Milton Friedman", Human Events, 38(46), 1978 November 18. Quoted in Charles Hooper, "Henry George", *The Fortune Encyclopedia of Economics*, New York: Warner Books, 1993.

Hardin, Garrett (1968) "The Tragedy of the Commons," *Science*, 162: 1243–1248

George, Henry (1879) *Progress and Poverty*, reprinted, 1979, New York: Robert Schalkenbach Foundation. 김윤상 옮김 (2016)『진보와 빈곤』, 개역판, 비봉출판사.

More, Thomas (1516) *Utopia*. 나종일 옮김 (2005)『유토피아』, 서해문집. 권혁 옮김 (2006)『유토피아』, 돋을새김.

Rawls, John (1999) *A Theory of Justice*, rev. ed., Cambridge: The Belknap Press of Harvard University Press. 황경식 옮김 (2003)『정의론』, 이학사.

Spencer, Herbert (1851) *Social Statics*, reprinted, 1970, New York: Robert Schalkenbach Foundation.

[1] 지대를 환수하면 지가가 0이 되는 이유 완전경쟁시장에서 토지매매가격 즉 지가는 그 토지를 소유함으로써 미래에 얻을 수 있는 이익을 현재가치로 환산한 금액과 같다. 이익이란 토지 임대가치인 지대에서 토지 소유 비용을 뺀 금액인데, 정부에서 지대를 환수한다면 토지 소유를 통해 미래에 얻을 수 있는 이익이 없어지므로 지가는 0이 된다. 주택 임대차에서 보증금과 월세 간의 관계를 생각하면 이해가 쉽다. 보증금을 많이 내면 월세가 적어지고, 월세를 많이 내면 보증금이 줄어든다. 지대를 환수한다는 것은 토지의 월세를 전부 징수한다는 뜻이므로 토지 취득 시에 한꺼번에 내는 목돈인 지가는 0이 된다.

[2] 지대 추구(rent-seeking) 특권 혹은 독점적 지위를 확보하여 이익을 얻으려는 노력이나 활동을 말한다. 그런 이익을 경제학에서 지대 또는 경제지대(economic rent)라고 부르기 때문에 지대 추구라는 용어가 생겼다. 예를 들어, 정부가 어느 상품에 대해 독점권을 설정하려고 하고 여러 당사자가 독점권을 차지하기 위해 경쟁을 벌이는 경우가 이에 해당한다. 이때 누가 독점권을 차지하든 사회 전체로서는 아무런 차이가 없으므로 지대를 얻기 위해 들이는 비용 즉 지대 추구 비용은 사회적 관점에서는 낭비되는 비용이다. 그러므로 정의의 기준 외에 경제효율의 기준으로 보더라도 지대 추구 행위는 사회에 해가 된다.

[3] 세계인권선언 1948년 국제연합(UN) 제3차 총회에서 채택된 인권에 관한 선언으로서, 인간의 시민적, 정치적 권리와 경제적, 사회적, 문화적 권리에 대한 내용을 담고 있다. 인류에게 막대한 피해를 준 제2차 세계대전의 참상이 인류의 양심을 자극하여 일구어낸 위대한 결실이다. 이 선언은 이후 세계 각국의 헌법에 큰 영향을 미쳤으며 인권에 관한 국

제 규범의 기초가 되었다. 한국에서도 선언일 12월 10일을 세계인권선언의 날로 지정하여 기념하고 있다.

[4] 근로장려세제 전통적인 복지 급여는 최저 생활비를 정해 놓고 그 이하의 소득을 얻는 빈곤자에게 차액을 지급하는 방식을 취해왔다. 그 결과, 복지 수급자는 근로소득의 크기와 관계없이 결과적으로 동일한 소득을 가지게 되므로 근로소득을 벌어 수급자 상태를 벗어날 인센티브가 없었다. 근로장려세제(Earned Income Tax Credit, EITC)는 이 문제를 해결하려고 고안된 제도이다. 복지 수급자가 다른 소득을 얻을 경우에 수급액이 소득만큼 줄어드는 것이 아니라 소득세제를 조절하여 추가 소득의 일정 부분을 자신이 가질 수 있도록 하여 근로 의욕을 자극한다.

[5] 선거 당선자 결정 방식 선거에서 당선자를 결정하는 방식은 크게 다수대표제, 소수대표제, 비례대표제로 나눌 수 있다. 다수대표제는 최고득표자 한 명만 당선시키는 방식으로서 소선구제와 거의 같은 의미로 사용된다. 소수대표제는 득표순으로 2명 이상을 당선시키는 방식으로서 중 · 대선거구제와 거의 같은 의미로 사용된다. 비례대표제는 각 정당이 획득한 득표율에 비례하여 당선자를 결정하는 방식이다. 그러나 비례대표제를 지역구 선거와 같이 실시하는 경우도 많다. 민주주의 선진국에서는 지역구 당선자를 포함한 총 의석을 정당 득표율에 따라 배정하는 연동형 비례대표제를 취하는 경우가 많다.

[6] 독일의 비례대표제 독일에서는 지역구와 비례대표 의석수를 1:1로 하고, 유권자가 두 표를 행사하여 한 표는 지역구 후보에 다른 한 표는 정당에 투표한다. 지역구의 1위 득표자는 일단 당선된다. 비례대표는, 정당 투표 5% 이상을 획득한 정당에 대해 득표율에 따라 의석수를 정한 후 지역구 당선자 수를 뺀 나머지 숫자만큼 의석을 할당한다. 비례대표 당선자는 정당에서 미리 작성한 명부의 순서에 따라 정한다. 현재 독일은 656석이 총 의석수이고, 총수의 절반인 328석은 지역구 1등으로 채

우고, 나머지 328석은 비례대표로 배정한다. 지역구 당선자만으로도 할당된 의석수를 초과할 경우에도 모두 당선으로 인정하기 때문에 총 당선자수가 656석을 초과할 수도 있다.

[7] 지방자치에서 주민의 직접 참여 방식 지방자치법과 지방재정법 등에 규정된 주민의 직접 참여 방식으로 주민발의제, 주민투표제, 주민감사청구제, 주민소송제, 주민소환제, 주민참여예산제가 있다. 주민발의제는 주민이 조례안을 만들어 의회에 제출할 수 있는 제도로서 주민이 직접 조례를 제정할 수 있는 것은 아니다. 주민투표제는 중요 사항을 주민이 결정하도록 하는 제도로서 주민, 지방의회, 자방자치단체장, 중앙행정기관의 장이 요구할 수 있다. 주민감사청구제는 주민이 특정 행정기관에 대해 감사를 해달라고 청구하는 제도이다. 주민소환제는 지방의원이나 지방자치단체장을 주민투표를 통해 임기 중에 해임할 수 있는 제도이다. 주민참여예산제는 주민이 지방자치단체 예산 중 일부에 대해 직접 예산 편성 과정에 참여해 우선순위 등을 정하는 제도다.

[8] 공유지의 비극(tragedy of the commons) 양을 기르는 지역에 풀이 잘 자라는 목초지가 있고 땅 주인이 따로 없이 누구나 이용할 수 있는 공유지라고 해 보자. 목초지가 아무리 좋아도 양의 수가 너무 많으면 오래지 않아 풀이 사라져 제 기능을 못하게 된다. 이런 사실을 알면서도 각 주민은 방목하는 양의 수를 자제하지 않는다. 자신이 자제한다고 할 때 그로 인한 손실은 자신만 부담하는 가운데 이익은 주민 모두에게 돌아가기 때문이다. 즉 개인의 입장에서는 비용은 크고 혜택은 작다는 것이다. 주민이 다 이렇게 행동하다 보면 결국 목초지가 피폐하여 모두가 손해를 입게 된다. 이런 현상을 하딘(Garrett Hardin, 1915~2003)이 1968년 논문에서 '공유지의 비극'이라고 불렀다.